Katharina Wengert

WEGE ZUM ICH

21 SCHRITTE ZUM ERWACHEN
UND ERWACHT BLEIBEN

Katharina Wengert

WEGE ZUM ICH

21 Schritte zum Erwachen
und erwacht bleiben

FSC
www.fsc.org
MIX
Papier aus ver-
antwortungsvollen
Quellen
Paper from
responsible sources
FSC® C105338

Katharina Wengert

Wege zum Ich

21 Schritte zum Erwachen und erwacht bleiben

© Katharina Wengert

Lektorat und Konzeption: Ina Kleinod [sinntext.de]
Abbildungen: © abraham_stokero, © mamanamsai [envato elements]
Gestaltung Titel und Innenteil: Kerstin Fiebig
Fotos Autorin: © privat

Herstellung und Verlag: BoD – Books on Demand, Norderstedt

ISBN 978-3-75688-909-9

Bibliografische Information der Deutschen Nationalbibliothek:
Die Deutsche Nationalbibliothek verzeichnet diese Publikation in der
Deutschen Nationalbibliografie; detaillierte bibliografische Daten
sind im Internet über dnb.dnb.de abrufbar.

Für dich – erwachender Mensch –
und für Sascha, Alexander, Vivienne
und Maxime.

INHALT

EINLEITUNG

Realität ist nur eine Illusion,
allerdings eine sehr hartnäckige.

Albert Einstein

Die Welt befindet sich im Wandel — überall ist es zu lesen, zu sehen und deutlich zu spüren, dass die Erde sich verändert und mit ihr die Menschen, die auf ihr leben. Vieles scheint beängstigend, sei es die Klimakrise, der Krieg, die Pandemie oder im persönlichen Leben der berufliche Druck, die fehlende Antwort auf die Frage nach dem Sinn. Doch neben all dem geschieht gerade etwas ganz Großartiges — die Menschheit erwacht aus einem jahrtausendealten Dornröschenschlaf, und das muss sie auch, wenn sie bewusst miterleben will, was noch großartiger ist: der Dimensionswechsel auf der Erde. Obwohl es weder in den Nachrichten steht noch allgemein darüber gesprochen wird, spürt jeder Mensch auf seine Weise, dass gerade etwas Bedeutendes passiert. Nicht nur im Außen scheint alles auf den Kopf gestellt, wer seine fünf Sinne offen hält, hat auch längst bemerkt, dass überall kleine und große Wunder geschehen, die für den menschlichen Verstand als unglaublich, ja vielleicht sogar unmöglich gelten.

Unser Planet entwickelt sich evolutionär weiter und hat inzwischen eine fünfdimensionale Schwingung erreicht.[1] Diese Schwingungserhöhung macht sich im Groben auf zweierlei Weise bemerkbar: Für die einen scheint die Zeit plötzlich schneller zu vergehen und sie haben das Gefühl, mit der Welt nicht mehr mithalten zu können, während die anderen sich mit größter Freude und Hingabe ihrer spontan geweckten Kreativität und Lebenslust widmen. Erstere verzweifeln schier an den äußeren Lebensumständen, die sie für unkontrollierbar und unveränderbar halten, weil sie selbst unbewusst an deren zugrundeliegenden Strukturen und Konzepten festhalten. Letztere fühlen in sich den Drang, sich beruflich zu

---

[1] Siehe dazu: Christina von Dreien: Bewusstsein schafft Frieden — Die Vision des Guten. Govinda Verlag 2019, Pavlina Klemm: Die Botschaften der Plejaden. AMRA 2022, Kurt Tepperwein: https://www.youtube.com/c/KurtTepperweinAkademie (abgerufen am 7.11.2022)

verändern oder innerlich freier zu werden. Erstere sind wie aus alten Kleidern herausgewachsen, können aber nicht vorankommen, weil sie sie nicht ablegen. Letzteren geht es dagegen nicht schnell genug, sich zu verändern, zu erneuern und vor allem die eigenen Potenziale zu entfalten. Die einen scheuen jede Veränderung, jedes Neue, die anderen sind froh, dass nichts bleibt, wie es immer war. Die einen schlafen (weiter), die anderen sind erwacht.

_ *Alle Lebewesen auf der ganzen Welt spüren es: Alles schwingt plötzlich höher!*

Menschen, die zu sich selbst erwachen, erinnern sich an ihre eigene Schöpferkraft. Sie nehmen ihr Leben eigenverantwortlich in die Hand und »schmieden« ihr einzigartiges Glück ab sofort selbst. Sie begrüßen den energetischen Wechsel in die höhere Dimension und laden die unmittelbar stärkende Wirkung auf ihre Existenz und Entwicklung vertrauensvoll ein. Wer zu sich selbst erwacht und bereit ist, mitzuschwingen und sein Bewusstsein zu erweitern, kann sogar dauerhaft erwacht bleiben.

Mit dem Erwachen erfahren wir die Möglichkeit, unser irdisches Dasein in Fülle und Vollkommenheit zu verbringen. Wir alle wollen glückselig, innerlich reich und voller Freude *sein*. Dabei hat jeder und jede von uns ganz eigene Vorstellungen von Glück und Erfolg, aber auch davon, wie beides zu erreichen sei. Bisher glaubten wir wohl alle einstimmig, dafür etwas TUN und LEISTEN zu müssen. Wir sind zumeist in dem Glauben aufgewachsen, unser Glück im Außen suchen zu müssen. Wir hörten auf die verführerischen Versprechungen der Medien, vor allem mittels Konsum ein erfülltes Leben führen zu können. Auf diese vermeintliche Erfüllung arbeiteten wir unser Leben lang hin, wir verschoben unser SEIN auf die Rente – eine Zeit, von der wir gar nicht wissen konnten, ob wir sie noch erleben würden. Irrtum!

_ *Das Leben findet im Jetzt statt!*
_ *Die Quelle für wahres Glück, Erfolg und Erfüllung liegt nur in uns!*

Es ist an der Zeit, uns an diese beiden einfachen Wahrheiten zu erinnern. Das ist nur möglich, wenn wir ganz BEWUSST sind, wenn wir uns unserer wahren Natur bewusst sind und dass ein freies Dasein in einer Welt voller Wunder unser ursprünglicher Zustand ist. Die energetische Stärkung des Dimensionswechsels auf der Erde gibt uns die Kraft, uns an diesen Ur-Zustand zu erinnern. Und dafür brauchen wir eine größtmögliche Veränderungsbereitschaft. Wir Menschen sind also an der Reihe, uns zu entscheiden – entweder wir folgen der höheren Schwingung der Erde und erwachen dauerhaft, oder wir schlafen einfach weiter.

Vielleicht gehörst du zu den Menschen, die schon mit einem Bein erwacht sind aus der Illusion des Konsums und dem Leistungsdenken. Vielleicht ahnst du auch nur, dass die alten Lebensmodelle ausgedient haben und jetzt etwas vollkommen Neues kommen wird. Vielleicht hast du für kurze Momente ein schönes klares Gefühl für dich selbst – für dich als ICH – genießen dürfen, es dann aber immer wieder verloren. Du hast womöglich die Erfahrung gemacht, kurzfristig zu erwachen, um dann Augenblicke später wieder unter die machtvolle Führung deiner endlosen Gedankenketten abzutauchen.

Was immer du erlebt hast, was immer du suchst oder dir wünschst – dieses Buch bietet dir eine Anleitung, dauerhaft als erwachtes ICH zu leben. Du erhältst die Chance auf ein einfaches kompaktes Training, dessen Wirkung vollkommen erstaunlich ist: 21 Wach-auf!-Gaben sorgen nicht nur ständig für gute Laune, Spaß und Begeisterung in deinem Alltag, sondern konditionieren deinen Verstand auf das **Erwachen** und **Erwacht-Bleiben**. Du investierst nur drei Wochen deiner wertvollen Lebenszeit – ohne dafür Urlaub nehmen zu müssen! – und wirst schnell erkennen, dass sich nicht nur deine Schwingung erhöht, sondern auch die deines ganzen Umfeldes, sodass sich spontan vieles zum Besseren wendet. Du integrierst mehr Lebensfreude und Optimismus als Grundhaltung in deinem Alltag und erwartest in allem und jedem das Allerbeste. Spätestens, wenn du mit dieser neuen Einstellung und Ausstrahlung zum »Magneten« für andere erwachende Menschen wirst, kannst du erleben, wie machtvoll du aus dir selbst heraus wirklich bist. Verliebe dich in dein neues Leben – ja, mehr noch, erkenne die Liebe überhaupt als natürlichen und ursprünglichen Zustand in allem!

WOZU ERWACHEN?

Wer das tut, was er schon immer getan hat,
wird das bekommen, was er schon immer bekommen hat.

Henry Ford

ERWACHEN IST BEWUSST-SEIN

Erwachen bedeutet, dass du dich daran erinnerst, wer du wirklich bist. Warum ist das so wichtig? Viele Menschen haben nur ein begrenztes dreidimensionalen Verständnis von sich selbst, und das heißt, sie glauben, das zu sein, was sie beispielsweise im Spiegel sehen – ihren Körper, was ihre Persönlichkeit ausmacht und was ihr Verstand mit all den verwirrenden Gedanken »leistet«. Damit identifizieren sie sich dann ihr Leben lang: Körper, Charakter und Gedankenkraft. Wer erwacht, sieht sich selbst in der eigenen Wirklichkeit – mehr als nur Körper, Eigenschaften und Gehirn.

Ich sage es nochmal anders: Du HAST einen Körper, HAST einen Verstand und HAST eine Persönlichkeit. Du BIST ewiges vollkommenes Bewusstsein. Du BIST ewige Energie. Du BIST eine inkarnierte Seele, die auf jede erdenkliche Art und Weise Erfahrungen sammelt. Was du TUST, ist: Du steuerst deinen Verstand. Du bewegst und regulierst deinen Körper und du erlaubst deiner Persönlichkeit, sich zu entwickeln. Dein seelisches Bewusstsein – ich nenne es im Buch ICH – war schon immer da, schon bevor du als Mensch geboren wurdest. Dieses ICH ist viel mächtiger, als du jetzt wahrscheinlich glaubst. Stell es dir einfach nur vor, auch wenn du skeptisch bist:

_ *Du bist ewiges Bewusst-Sein, das schon immer existierte und immer existieren wird. Du bist das, was dein Denken, deinen Körper inklusive aller Gefühle und deine innere Haltung bestimmt.*

_ *Darüber hinaus bestimmst du auch das, was sich um dich herum abspielt. Die Quelle zu deinem wahren Selbst befindet sich in deinem Innern. Dein ICH ist ewig, vollkommen und unzerstörbar. Es IST einfach.*

ICH – das IST übrigens eine Dauerursache für ein Leben in Liebe, Vollkommenheit, Fülle und Schöpfertum. ICH bewegt sich nach dem Gesetz von Ursache und Wirkung[2], und alles, was von dir als Bewusst-Sein bestimmt wird (Ursache), spiegelt sich in deiner Lebensrealität (Wirkung). Und die Magie der 21 Wach-auf!-Gaben liegt darin, dass du dich an dein ICH erinnerst und dir damit ein wahres erfüllendes Leben auf dieser Erde erschaffst – wie du es dir erträumst. Noch magischer ist, dass du dich nie wieder anstrengen oder etwas leisten, nie wieder das Richtige denken oder visualisieren musst, um deine Träume zu manifestieren. Mit deiner Erinnerung an dein ICH stellen sich alle deine Lebensumstände, die mit deinem ICH übereinstimmend sind, wie durch Zauberhand in deinem Leben ein.

Vielleicht hast du schon viel »getan« und versucht, doch ohne Ergebnis. Vielleicht hast du nicht bemerkt, dass dein Ego nur seine eigenen verblendeten Wünsche verfolgt hat, anstatt dich liebevoll erwachen zu lassen. Alle deine missglückten Strategien haben nicht zu deinem erhofften Glück geführt. Wie auch immer es bisher für dich gelaufen ist, du hast mittels deines Verstandes (Ego) bestimmte Dinge in deinem Leben manifestiert: z. B. einen Menschen, mit dem du in einer Beziehung, aber trotzdem unglücklich bist. Vielleicht eine Arbeit, die dir einen gewissen Lebensstandard sichert, aber keinen Spaß macht. Oder du bist in einem sozialen Umfeld beheimatet, das dich nicht inspiriert. Beispiele gibt es viele, die zeigen, dass dein Ego erfolgreich sein mag, aber bisher dein ICH völlig ignoriert hat. Bei all dem hat dir dein ICH mittels INTUITION, VORAHNUNG oder (Bauch-)GEFÜHL eine stimmigere Richtung angezeigt, doch dein Verstand hat sich darüber hinweggesetzt mit Logik, Faktenglauben oder auch mit Angstkonzepten.

---

[2] Siehe dazu: Kurt Tepperwein: Die geistigen Gesetze – Erkennen, verstehen, integrieren. Goldmann Verlag 2009. Charles Haanel: The Master Key Sytem – Der Universalschlüssel zu einem erfolgreichen Leben. Goldmann Verlag 2012. Rhonda Byrne: The Secret – Das Geheimnis. Arkana 2007. Jack Canfield: Schlüssel zum Gesetz der Anziehung – So machen Sie Ihre Lebensträume wahr. VAK Verlag 2013

_ *Der Verstand macht Fehler! Sein größter Fehler besteht darin, das ICH zu unterschätzen und zu ignorieren. Obwohl kein Computer der Welt mit der Rechenleistung des Gehirns mithalten kann, ist das ICH wesentlich klüger. Schließlich trägt es sämtliche Erfahrungen des Bewusstseins von Anbeginn der Existenz in sich, während das Gehirn nur die Erfahrungen aus der aktuellen Inkarnation kennt.*

Dein ICH ist die Heimat deiner Einfälle und kreativen Impulse. Hier sind deine Intuition und deine wahre Intelligenz zu Hause. Dein ICH trifft nur stimmige Entscheidungen – es macht keine Fehler. Es ist einfach nur Bewusst-Sein, es nimmt alles wahr und zieht Fülle in dein Leben. ICH erkennt alle Dinge in ihrer Natur und ihrem Ursprung, deshalb trifft es auch die besten Entscheidungen. Wenn man so will, ist dein ICH perfekt – ja, absolut vollkommen! Wenn du in dein ICH erwachst, in dein reines Bewusst-Sein, dann wird die Vollkommenheit deines Seins eine lebendige Ursache für dein vollkommenes Leben sein. Das klingt wohl märchenhaft, ist aber kaum anders zu beschreiben: das Paradies auf Erden. Sei einfach nur ICH – nichts weiter – und du musst nie mehr denken, analysieren, abwägen, vergleichen, urteilen und Wahrscheinlichkeiten berechnen. Du brauchst nichts mehr von alledem, was dein Ego bisher »für dich« getan hat.

ERWACHEN WORAUS UND WOREIN?

Aus seelischer Perspektive hast du mit der Entscheidung, auf der Erde zu inkarnieren[3], eine bestimmte Form des Lernens und der Erfahrung gewählt – sagen wir, die Erde ist die härteste aller

---

[3] Marie Claire von der Bruggen >> Märchen vom Tod. Esocentra 2009 // Robert Schwartz >> Mutige Seelen – Planen wir unsere Lebensaufgabe bereits vor der Geburt?. Heyne 2015

»Schulen«. Hier herrschen Mangel, Unvollkommenheit und Vergänglichkeit. Diese niedrigschwingenden Zustände existieren nur in der dritten und vierten Bewusstseinsdimension[4], sie ermöglichen dem Bewusstsein, seine eigene Vollkommenheit – mittels Erwachen – in der Unvollkommenheit schneller zu erfahren im Vergleich zu anderen »Lehrstätten«. Vor deiner Inkarnation hast du bzw. dein ICH einen genauen Plan geschmiedet, um alle dreidimensionalen Erfahrungen[5] in deinem künftigen Erdenleben als Mensch machen zu können, die dir bei deinem Erwachen helfen sollen. Du hast dir einen perfekten Lebensplan kreiert – wie ein Theaterstück: ein Stück, eine Kulisse, Statisten und du in der Hauptrolle. Nichts in deinem Leben geschieht also zufällig, es ist alles Teil deines eigenen Plans.

Erwachen ist nur aus einem schlafenden Zustand möglich. Damit du deine Aufgaben auf der Erde bewältigen und auf diese Weise deine Vollkommenheit erfahren kannst, hast du zunächst – mit deiner Geburt – vergessen, dass du in Wirklichkeit vollkommen bist. Logisch, anderenfalls hätte die Unvollkommenheit ja keine Herausforderung für dich bedeutet, denn als bewusstes vollkommenes Sein kannst du durch einen konkreten Impuls, wie mit einem Fingerschnippen, jede Situation beliebig ändern. Doch wozu so umständlich? Weil du deine Vollkommenheit nicht WISSEN, sondern ERFAHREN willst, was nur möglich ist, wenn du die Gegen-

---

[4] Vgl. auch Begriff Schwingungsdichte/Bewusstseinsdichte // Siehe dazu: Monika Muranyi >> Die menschliche Seele – Das höhere Selbst entdecken. Koha 2016 // Anke Evertz >> Neun Tage Unendlichkeit – Eine außergewöhnliche Nahtoderfahrung. Ansata 2019 // Anita Moorjani >> Heilung im Licht – Wie ich durch eine Nahtoderfahrung den Krebs besiegte und neu geboren wurde. Goldmann 2015

[5] Während wir als Menschen dreidimensionale Erfahrungen machen, dient uns die vierte Dimension als duales Informationsfeld des Allbewusstseins. Zum einen sind wir darüber alle verbunden und zum anderen erschaffen wir daraus mithilfe unseres Geistes unsere Lebenswirklichkeit. Siehe auch: Rupert Sheldrake >> Das schöpferische Universum – Die Theorie des Morphogenetischen Feldes. Ullstein 2009

sätze mit all ihren emotionalen und faktischen Konsequenzen direkt erlebst.

Der Schleier des Vergessens, wie ich es nenne, lässt dich in der Illusion leben, ein Mensch mit unvollkommenen Erfahrungen zu sein. Diese Erfahrungen lassen dich Glück, Vertrauen und Liebe, aber auch Angst, Zweifel, Sorgen und Schmerzen fühlen. Nur dein dreidimensional funktionierendes Denken kann sich mit solchen niedrigen Emotionen identifizieren, nicht aber das Bewusstsein. Dein Bewusstsein will also in der Unvollkommenheit des Lebens auf der Erde erfahren, was es in Wirklichkeit ist: absolute Vollkommenheit. Es will in der Erfahrung der DUALITÄT erwachen.

_ *Erfahrungen in der Dualität, inklusive der Identifikation mit der Illusion, ein unvollkommener Mensch in einer unvollkommenen Welt zu sein, sind nur möglich, wenn der Schleier des Vergessens über dir liegt. Anderenfalls wüsstest du ja von Anfang an, dass dir in Wirklichkeit gar nichts passieren kann.*

Du hast also im Klartext schlicht vergessen, dass du Schöpfer, Schöpferin deiner Realität bist. Doch dieser Schleier lichtet sich zusehends. Wir alle stehen am Wendepunkt unseres Lebens. Ein alter Zyklus der Inkarnationsgeschichte ist abgeschlossen und ein neuer Zyklus hat begonnen.[6] Wir stehen als Menschheit direkt vor dem Wechsel aus der dritten und vierten Dimension in die fünfte Dimension und damit vor der Erweiterung unseres Bewusstseinszustandes. Die Erde hat bereits seit einigen Jahren die fünfte Dimension erreicht, und wenn wir uns mit der Erde mit entwickeln wollen, lösen wir uns optimalerweise von fesselnden Lebensumständen und -bedingungen, geben wir überkommene Gewohnheiten auf und befreien uns von Glaubens- und Verhaltensmustern,

---

[6] Siehe dazu bspw.: Diana Cooper >> Der Aufstieg von Erde und Menschheit – Kosmische Schlüssel für dein Leben in der fünften Dimension. Ansata 2017 // Marliis Pante >> Das große Erwachen – Heilungsbuch der Arcturianer. AMRA 2021

die uns bisher vielleicht gedient haben, die uns aber jetzt einschränken. Wir erwachen zu unserer vollen Schöpferkraft und erkennen uns als Spieler und Spielerinnen in unserem selbstinszenierten Theaterstück wieder. Wir erfahren Schritt für Schritt, dass wir alles ganz konkret beeinflussen können. Bildlich gesprochen »ent-wickeln« wir uns aus der Unvollkommenheit des Menschseins, mit der wir uns mittels Schleier des Vergessens eingehüllt haben. Wir erwachen aus dem Vergessen, wer wir in Wirklichkeit sind – und übrig bleibt unser ICH.

ERWACHEN BEDEUTET HÖHER SCHWINGEN

Unser seelisches ICH schwingt energetisch höher als unser Körper und unser Ego, daher geht das Erwachen mit einer Schwingungserhöhung unseres gesamten Systems, unserer ganzheitlichen Einheit einher. Diese energetische Entwicklung kann auf verschiedenste Weisen erfolgen, es muss gar nicht so spektakulär sein: Wir können uns bspw. an unser wahres Wesen erinnern und erwachen. Wir können das tun, was uns Freude macht, wir können unsere Erfüllung ausleben oder einfach optimistisch durch den Alltag gehen und in allem das Gute sehen.

Die meisten Menschen folgen ihr Leben lang ihrer Sehnsucht, doch das, wonach sie sich sehnen, sind sie in Wirklichkeit längst – ja, sie waren und sind es schon immer. Da sie es vergessen haben, versuchen sie, ihre Sehnsucht nach sich selbst mit materiellen Gütern, mit Konsum aller Art zu stillen, nicht wenige geraten dadurch in Abhängigkeiten und entwickeln ein krankhaftes Suchtverhalten. Hinzu kommt, dass solche Kompensationen häufig dazu führen, dass sie sich mehr und mehr von sich selbst entfernen und dadurch noch niedriger schwingen, was wiederum die Sehnsucht verstärkt. Je besser es dir gelingt, mit dir selbst glücklich zu sein, ohne dich von Äußerlichkeiten, anderen Menschen oder Umständen abhängig zu machen – also je zufriedener und gelassener du in deinem Innern bist, je mehr Freude du empfindest bei allem, was du tust, je begeisterter du bist und je mehr du von Herzen gibst – je eher erwachst du in dein Bewusst-Sein und je höher schwingst du. Höher zu schwingen – auch wenn das etwas abstrakt klingen mag – hat vor allem etwas mit deinen Emotionen zu tun.

_ *Wenn sich dein Sein wirklich im Herzen gut anfühlt, erfährst du darin dein Höher-Schwingen. Dein Energiesystem läuft auf einem höheren Niveau. Du fühlst einerseits den Spaß und die Freude, andererseits schaffst du es in kürzester Zeit, dein Leben komplett umzukrempeln und so zu gestalten, dass es deinem ICH entspricht.*

ERWACHT – UND DANN?

Ich arbeite im Seminarbetrieb und berate Einzelpersonen, aber auch Unternehmen. Oft wird mir die Frage gestellt: »Was passiert denn, wenn ich in 21 Tagen erwacht bin? Gibt es dann überhaupt noch einen Grund dafür, hier auf der Erde zu leben? Dann habe ich doch mein Ziel erreicht, muss ich dann gleich wieder ,nach Hause'?« Gute Frage. Wir werden in unserem Körper, solange wir hier auf der Erde inkarniert sind, niemals vollständig erwachen. Das 21 Tage-Training dient dazu, die Weichen umzulegen, damit wir nicht nur erwachen, sondern auch erwacht bleiben. Doch in einem menschlichen Körper erwacht zu bleiben, ist kein statischer Zustand. Wir werden weiterhin dafür sorgen, erwacht zu bleiben, aber mit der Zeit wird es immer leichter. Erwachen ist also ein

Prozess, der aus mehreren Stufen besteht, und die erste Stufe des Erwachens ist für die meisten von uns die größte Herausforderung. Ist dieser erste Schritt geschafft, folgt eine Art Feintuning, um diesen Zustand nicht nur dauerhaft zu halten, sondern auch ständig zu verbessern.

Es geht nicht darum, am Ende des Erwachensprozesses *anzukommen*. Der Prozess kann auch nicht beschleunigt werden. Sich eine Abkürzung zu wünschen, scheint sehr menschlich, kommt als Idee jedoch vom Ego, das sich am liebsten sofort am Ziel wissen will. Beim Erwachen geht es vor allem um den Prozess und die Erfahrung des Bewusstwerdens, um die Abfolge von Teilerfahrungen, die stufenweise aufeinander aufbauen. Das kann, menschlich gesehen, sehr lange dauern und steht in enger Verbindung mit dem Dimensionswechsel der Erde. Innerhalb der nächsten Jahrzehnte etwa wird sich auch die Welt, wie wir sie kennen, vollständig verändern.[7] Unser Bewusstsein wird schon bald deutlich erweitert sein, und wenn wir dann an die jetzige Zeit zurückdenken, werden wir uns das Leben mit einer derart begrenzten Wahrnehmung kaum mehr vorstellen können.

_ *Je höher die Stufe des Erwachens im Prozessverlauf, je umfassender die Erkenntnis. Der Wandel, in dem wir uns bereits befinden, ist kein Hebel, der von einem auf den nächsten Augenblick umgelegt wird. Alle Eigenschaften des fünfdimensionalen Bewusstseins entwickeln und bilden sich nach und nach aus, das heißt unser Bewusstseinszustand hebt sich Schritt für Schritt in die 5. Dimension an.*

Manche Menschen erfahren schon seit einiger Zeit diesen Weckruf, die meisten aber bemerken ihn nicht einmal. Zwar geht der allgemeine Trend zu mehr Optimismus, besser gesagt (Selbst-)

---

[7] Siehe dazu: Diana Cooper, Der große Übergang 2012 – 2032 – Prognosen für die Menschheit und ihre Bewusstseinsentwicklung. Ansata 2011

Optimierung, jedoch wird der Zusammenhang zur Veränderung der Erde nicht gesehen. Diese Erkenntnislücke gehört auch zum Prozess des Erwachens. Jeder Mensch erwacht – früher oder später.

DU BIST DABEI!

Bereits die Tatsache, dass du dieses Buch liest, ist ein klares Zeichen dafür, dass du in den Prozess des Erwachens eingetreten bist. Du kannst dich darauf freuen, deine fünfdimensionalen Fähigkeiten[8] zu entwickeln und deine Vollkommenheit innerhalb dieser Inkarnation auf der Erde zu erfahren, dazu gehören beispielsweise das Hellfühlen, Hellsehen oder Hellhören. Es kann auch eine Kompetenz entstehen, dich selbst und andere zu heilen, telepathisch zu kommunizieren, und vor allem deine großartige mentale Kraft noch viel mehr auszuschöpfen. Die 21 Wach-auf!-Gaben werden dir dabei helfen, dauerhaft erwacht zu bleiben und eine lebendige Ursache für Vollkommenheit, Erfüllung und Glückseligkeit zu sein. Schaffe dir das Paradies auf Erden, und wundere dich nicht, wenn das Leben dich schon ab dem ersten Tag des Trainings mit Spaß, Glück und Erfolg beschenkt. Alles um dich herum ändert sich spontan, sobald du deine Einstellung veränderst!

---

[8] Siehe u. a.: Lee Carrol, Kryon (Bände). Koha ab 2007. Monika Muranyi, Die menschliche Akasha – Gesammelte Kryon-Botschaften. Koha 2015

EXPEDITION DES ERWACHENS

Der Weg zur Vollkommenheit bedeutet
eine Entdeckungsreise in das Land des Guten und Wahren.

Heinrich Lhotzky

DEINE AUSRÜSTUNG

Das Bild einer Expedition passt wohl am ehesten zum Prozess des Erwachens, und wir sind dafür bereits mit der besten und wirkungsvollsten Ausrüstung ausgestattet, wenn wir auf der Erde inkarnieren. Mit dieser Ausrüstung kann jeder Mensch erwachen, denn sie enthält alles, was man braucht, um die 21 Wach-auf!-Gaben zu meistern. Die Kunst besteht darin, zu lernen, die drei machtvollen Werkzeuge dieser Ausrüstung bewusst richtig anzuwenden: FLÜGEL – KOMPASS – ZAUBERSTAB.

Um deine Ausrüstung zweckmäßig einzusetzen, solltest du dir zunächst darüber klar werden, dass sie dir andauernd einsatzbereit zur Verfügung steht, um dir das Erwachen zu erleichtern und zu ermöglichen. Die Ausrüstung führst du stets bei dir und sie wartet nur darauf, von dir eingesetzt zu werden. Es nützt natürlich nichts, nur darüber Bescheid zu wissen, dass du die Ausrüstung besitzt, du musst sie auch in die Hand nehmen!

DEINE FLÜGEL – DEINE WAHLFREIHEIT

Zu deiner Ausrüstung auf der Expedition zum Erwachen gehört zunächst deine WAHLFREIHEIT – ich nenne sie symbolisch Flügel. Mit Flügeln sind wir in der Lage, jederzeit unseren Standort zu wechseln, mag die Situation, in der wir feststecken, noch so verfahren sein. Die meisten Menschen leben in dem Glauben, sie hätten keine Wahl, und deshalb schränken sie ihre Optionen unnötig ein. Sie glauben, sie seien Opfer der Umstände in ihrem Leben, und machen sich davon abhängig, beispielsweise von den Meinungen und Erwartungen anderer. Sie warten darauf, dass sich die Dinge im Außen ändern, damit ihr Leben sich ändert. Sie verstehen nicht, dass sie jederzeit die Wahl haben, alles in jede beliebige Richtung zu wenden, weil sie selbst die Schöpfer und Schöpferinnen ihrer Lebensumstände sind.

Dein wahrhaftiges Leben in Glück und Fülle beginnt erst, wenn du die Wahl getroffen hast, bewusst als Spieler, als Spielerin zu agieren. Deine Wahlfreiheit ermöglicht dir, jedes Ziel zu erreichen und jede noch so ungeliebte Situation zu ändern! Deine Flügel der Wahlfreiheit befähigen dich, jeden einzelnen Schritt in deinem Leben selbst zu entscheiden und jeden inneren wie äußeren Umstand zu erschaffen, zu verändern und zu gestalten. Das tust du übrigens andauernd, die ganze Zeit, aber es ist dir nicht bewusst. Bestimmt hast du schon oft entschieden, etwas zu tun oder zu lassen, je nachdem, ob es deiner innersten Überzeugung entsprochen hat oder nicht. Deine Entscheidungen sind dann jedoch von deinem unbewussten Verstand getroffen worden. Die Botschaften und Signale deiner Intuition und deiner Gefühle hast du währenddessen überhört oder zur Seite geschoben.

_ *Die Sprache deines ICH (oder auch: deines »höheren Selbst«) ist nicht dieselbe wie die deines Ego (Verstand). Der Verstand trifft fehlerhafte Entscheidungen, weil er nur die Erkenntnisse aus diesem Leben zur Verfügung hat, während dein ICH über alle Erfahrungen aus der ewigen Existenz verfügt.*

Dein Ego mag Erfolg haben und eine Entscheidung durchsetzen, doch dieser Erfolg wird immer begrenzt sein und deine Sehnsucht nicht stillen. Dein Leben ist ein Spiel mit unbegrenzten Wahlmöglichkeiten, und du kannst jederzeit selbst entscheiden, in welche gewünschte Richtung du das Spiel lenken willst! Du bist auch niemals an deine Wahl gebunden, denn deine Freiheit ermöglicht dir jederzeitige eine neue Entscheidung.

DEINE GEFÜHLE – DEIN KOMPASS

Deine Gefühle sind die Sprache deiner Seele – deine Seele ist wiederum dein Kompass, der dich zuverlässig und entsprechend deines Lebensplanes führt. Es kommt darauf an, dass du dich FÜHREN lässt und deinem Verstand nicht erlaubst, dazwischenzufunken. Deine Gefühle sind deine wichtigste Orientierung im Leben. Sie sagen dir ununterbrochen, ob du auf dem richtigen oder falschen Weg bist. Wenn du ein gutes Gefühl hast, will dir dein Kompass mitteilen, dass du auf dem richtigen Weg bist, wenn du ein schlechtes Gefühl hast, will er dich zum Umkehren bewegen. Alles in deinem Leben hat eine Wirkung auf dich, die du mittels deiner Gefühle messen kannst: Fühlst du Liebe, Begeisterung und Harmonie, dann geht es dir gut. Dein Gefühl signalisiert: Mach weiter so, du bist auf dem richtigen Weg und gestaltest dein Leben entsprechend deinem Lebensplan! Fühlst Du Schmerz, Angst oder Unbehagen, dann lautet die Botschaft: Hör auf damit, kehre um! Gehe in eine andere Richtung!

Wenn du genau in dich hineinspürst, führt dich dein »Bauchgefühl« immer in die richtige Richtung. Würdest du immer auf deinen Kompass hören, würdest du dich niemals in einer »falschen« Beziehung oder an einem »falschen« Arbeitsplatz wiederfinden. Leider gibt es kein Schulfach, in dem uns beigebracht wird, die sagenhaften Fähigkeiten unserer Intuition zu erlernen. Im Gegenteil, wir lernen schon als Kinder, rational vorzugehen, Pro und Kontra abzuwägen, faktische Argumente und objektive Sachverhalte zugrunde zu legen. Wir lernen, gerade nicht auf unsere Gefühle hören. Uns wird beigebracht, logisch zu denken und unsere Entscheidungen möglichst nicht subjektiv zu treffen, also vor allem nicht emotional zu begründen. Fühlen gilt als ungenau und naiv. Fühlen zählt nicht. Fühlen ist nicht wissenschaftlich.

_ Auch wenn es dir bislang niemand gesagt hat, rate ich dir, einfach nur zu fühlen, ob eine Entscheidung zu dir passt und stimmig ist oder eben nicht. Stelle dein rationales Denken nicht über dein Herz, denn nur dein Herz weiß, was dich glücklich und was dich unglücklich macht._

Deine Ratio, dein Verstand, dein Ego kann die Klugheit deines ICH niemals ersetzen, und wenn du noch so logisch argumentierst. Es gibt Gefühlsentscheidungen, die du einfach nicht begründen kannst – und auch nicht begründen musst. Wer nicht auf sein Herz hört, lebt nicht entsprechend seiner inneren Werte. Und wer sich gegen seine Gefühle stellt – oder diese sogar ablehnt – denkt und handelt in einer Weise, die das Herz auf Dauer verkümmern lässt, weil sie vom ICH wegführt.

Würden sich die Menschen auf ihre Intuition verlassen, bräuchten sie niemanden mehr, der sie anleitet und über ihr Leben bestimmt. Die meisten Menschen verlassen sich jedoch auf die Meinung anderer, ohne zu hinterfragen, ob diese Ansichten auch ihre eigene Wahrheit abbilden. Lass dich nicht mehr von anderen lenken und mach dich nicht abhängig von ihnen. Nimm deine Gefühle ernst, dann wird alles in deinem Leben wesentlich stimmiger. Dein Kompass ist perfekt auf dich geeicht und zeigt dir zu jedem Zeitpunkt, in jeder Lebenssituation zuverlässig an, wo du dich gerade befindest und wohin dein Weg dich führt.

DEIN ZAUBERSTAB – DEINE SCHÖPFERKRAFT
Etwa 80.000 Gedanken durchströmen uns täglich, und diese Gedanken haben die Tendenz, sich selbst zu verwirklichen! Wir alle sind also Schöpfer und Schöpferinnen unseres Lebens, auch wenn wir noch nicht erwacht sind und es uns nicht bewusst ist. Wir gestalten ununterbrochen und erschaffen in jedem Augenblick pure

Realität mittels unserer Gedanken. Wir denken – und bemerken es meist nicht einmal. Nachweislich benutzen wir unseren Verstand zu 95–99 % unbewusst![9] Und wenn überhaupt, dann nutzen wir die wenigen wachen Augenblicke leider nicht dafür, mit unserem Zauberstab unser Ponyhof-Leben zu erschaffen, sondern finden uns wie aus einem Traum gerissen: Der Schlüssel fehlt. Der Geldbeutel ist weg. Etwas Schlimmes ist passiert. Jemand hat uns ungerecht behandelt ... In den seltensten Fällen werden wir durch Liebe, Freude oder Glückseligkeit aus unserem Dämmerzustand gerissen.

_ *Tatsächlich erschaffen wir uns unsere Realität während unseres Dämmerns oder Schlafens – im Autopilot-Modus – und zwar genauso zuverlässig, wie wenn wir unsere Schöpfermacht bewusst anwenden. Aufgrund unserer unbewussten Gedankenprogrammierung manifestieren wir andauernd, unbewusst, und so erschaffen wir auch unabsichtlich ein Leben voller Probleme und Mangel, obwohl wir das Gegenteil haben könnten.*

Unsere GEDANKEN aktivieren unentwegt Informationen im Informationsfeld des Allbewusstseins in der vierten Dimension[10], die wir durch unsere Energieschwingung in unserem Leben manifestieren, und wie in einem riesigen universellen Warenlager bieten sich uns in diesem Informationsfeld allgegenwärtig alle erdenkbaren und potenziellen Möglichkeiten, die uns das Paradies auf Erden ermöglichen und die wir mit unserem Zauberstab – unserer Schöpferkraft – nur auszuwählen bräuchten.

Du kannst dir also das Leben deiner Träume erschaffen, indem du einfach auf das zugreifst, was dir das Warenlager zu bieten hat: Reichtum, Liebe, Erfüllung, Gesundheit und vieles mehr. Um dies zu

---

[9] Charles Haanel, The Master Key System. Goldmann 2012. Siehe auch: Gerald Hüter in seinen Vorträgen

[10] Vgl. auch Begriffe Akasha bzw. Matrix

erreichen, kannst du deinen Autopiloten, deinen unbewussten Verstand, so konditionieren, dass er automatisch die Dinge deiner Wahl auswählt und Fülle und Glück in dein Leben zieht. Glück und Fülle ziehst du an, wenn du überhaupt erst einmal gedanklich zulässt, dass du glücklich und erfüllt leben könntest. Das mag für deinen Autopiloten schon die erste Herausforderung sein, nachdem du die Entscheidung getroffen hast, ein Leben als erwachtes Bewusstsein zu führen. Die zweite Herausforderung besteht dann darin, zu erkennen, dass du mit jedem Gedanken eine der allgegenwärtigen Möglichkeiten »bestellst« und in deinem Leben manifestierst.

Du könntest dich bei jedem deiner Gedankengänge fragen: »Was bestelle ich mir denn da?« Du kannst deinen Zauberstab quasi für ALLES einsetzen – was dir im Weg steht, ist nur dein Verstand! Ich gebe dir ein einfaches Beispiel: Angenommen, du wünschst dir einen Traumurlaub auf den Bahamas, der nächsten Sonntag beginnt. Du formulierst diesen Wunsch mit deinem Zauberstab – deinen Gedanken: »Ich bin ja so dankbar, dass ich seit Sonntag in diesem wundervollen Luxus-Resort auf den Bahamas für 10 Tage Urlaub mache und die glücklichsten Momente in meinem bisherigen Leben genieße!« Sofort wird dein Verstand sich einmischen und Gedanken wie diese produzieren: »Woher soll der Urlaub denn kommen, wenn ich ihn nicht selbst buche? Ich kenne niemanden auf den Bahamas oder in Deutschland, der mich zu solch einem Urlaub einladen würde. Das ist völlig unrealistisch, dass ich nächsten Sonntag auf die Bahamas fliege. Gibt es zu Corona-Zeiten überhaupt Flugzeuge, die auf die Bahamas fliegen? Ich habe nicht einmal das nötige Kleingeld, um mir das selbst zu finanzieren! Wer soll dann auch auf meine Kinder aufpassen? Mein

Chef gibt mir bestimmt keinen Urlaub! ...«

So funktioniert das Gesetz von Ursache und Wirkung: Da jeder Gedanke die Tendenz hat, sich selbst zu erfüllen, kannst du schon anhand des Verhältnisses zwischen dem ursprünglichen Wunschgedanken und den Einwendungen und Gegenfragen ausrechnen, wie es um die Realisierung deines Urlaubswunsches bestellt ist. Es gilt also, deine Schöpferkraft bewusst zu nutzen und deinem Verstand beizubringen, dich beim Erwachen zu unterstützen, anstatt dir im Weg zu stehen. Das ist ganz einfach möglich – mit den 21 Wach-auf!-Gaben. Du kannst alles haben, was du willst!

WACH-AUF!-GABEN

Richte deine Aufmerksamkeit auf etwas
und du bekommst mehr davon!

VORSICHT: GLÜCKLICHES ERWACHEN GARANTIERT!

Du hast dich entschlossen, als erwachtes Bewusstsein durchs Leben zu gehen? Gratuliere, eine wundervolle Entscheidung! Ein Leben voller Glückseligkeit, Fülle und Vollkommenheit erwartet dich. Die 21 Wach auf!-Gaben sind der Schlüssel zum Erwachen, denn mit ihnen konditionierst du deinen Verstand in nur 21 Tagen zuverlässig auf das **Erwachen** und **Erwacht-Bleiben**. Es ist erwiesen, dass der Verstand nach einer Neu-Konditionierung von maximal 21 aufeinanderfolgenden Einheiten[11] ganz konkrete Denk- und Verhaltensmuster automatisiert und dem Unbewussten zur gewohnheitsmäßigen Ausführung zuspielt. Das ist die Macht der Gewohnheit, die wir alle kennen, nur mit positiver Wirkung. Auf diese Weise bilden sich deine erwünschten neuen Denkweisen und Handlungen, und diese ersetzen deine alten Programme. Das Ziel ist, deinen Autopiloten auf neue Erfolgsmuster einzustellen. Das funktioniert nicht nur für den Moment, in einer ganz bestimmten Situation, sondern wirklich dauerhaft, sodass du erwachst und auch erwacht bleibst.

Die 21 Wach-auf!-Gaben helfen dir dabei, alles loszulassen, was für dein ICH nicht stimmig ist – alles, was dich bisher in deiner Gedankenwelt gefangen gehalten hat. Das können unangenehme Gefühle sein oder belastende Lebensumstände, aber auch bestimmte Muster, beispielsweise wie du denkst, wie du sprichst und wie du dich verhältst. Die Wach-auf!-Gaben sorgen dafür, dass du ab sofort höher schwingst, bewusster lebst und deine eigene Schöpferkraft direkt erlebst.

---

[11] Maxwell Marltz: Psychokybernetik – Nutzen Sie die Macht Ihres Unbewussten. FinanzBuch 2022. Joe Dispenza: Du bist das Placebo – Bewusstsein wird Materie. Koha 2014. Mircea Ighisan: Matrix Transformation – Ein Muss-man-haben Buch zur 2-Punkte-Methode. BoD 2014. Günter Heede: Matrix Inform – Grundlagen der Quantenheilung. Irisana 2016

ERFOLG HAT DREI BUCHSTABEN: TUN

Wie immer im Leben: Wissen allein bringt gar nichts – es geht ums Tun! Das gilt auch für das Wissen vom Erwachen. Die Forschung hat herausgefunden, dass wir beim Lesen eines Buches nur 7 % der Inhalte auf lange Sicht in Erinnerung behalten.[12] Unser Verstand kann sich das Gelesene also längerfristig nicht merken. Je mehr Sinne aber, und vor allem auch Emotionen beim Lesen mit einbezogen werden, je effizienter und nachhaltiger lernt unser Verstand. Das geschieht, während wir etwas tun: Wir bewegen uns. Wir fühlen. Wir hören und sehen, schmecken und riechen. Unser Körper »erinnert« sich später also mit.

Bei der Ausführung der Wach-auf!-Gaben sind alle deine Sinnesorgane in Aktion und mit beteiligt. Im Zusammenspiel mit deiner kognitiven Verstandesleistung sorgen gerade auch sie für eine nachhaltige Verankerung der mentalen Korrekturen in deinem Unterbewusstsein. Das Programm selbst verstärkt nachweislich diese Wirkung aufgrund der 21-fachen Konditionierung an 21 Tagen.

Beschließe am besten jetzt, die 21 Wach-auf!-Gaben in den folgenden drei Wochen auszuführen. Wichtig dabei ist, Unterbrechungen zu vermeiden und die Anleitungen ab Seite 38 genau zu befolgen.

Die 21 Wach-auf!-Gaben sind auch eine Brücke zu deinem erinnerten ICH. Bisher hast du dich mit deinem Verstand identifiziert, aber nicht bewusst mit deinem ICH. Du kannst das ICH-Sein jetzt trainieren, und zwar mit Spaß und Magie. Wie bei einem Muskeltraining bringst du deine alten Gedanken in eine neue Höchstform. Mit jeder einzelnen Wach-auf!-Gabe schwingst du höher und

---

[12] Siehe bspw.: https://www.memory-palace.de/gedaechtniskunst/lernkanaele/ (abgerufen am 7.11.2022)

lebst mehr dein wahres ICH. Mit jeder dieser Neukonditionierungen bringst du deinem Verstand bei, was dein wahres ICH ausmacht. Sei also darauf gefasst, dass sich dein Leben in den folgenden drei Wochen verändern wird, und zwar vom ersten Tag an. Es werden magische Dinge geschehen und das Leben wird dich mit Geschenken überhäufen – vielleicht werden sich deine sonst so stressigen alltäglichen To-dos wie von selbst erledigen, oder eine schon lange konfliktreiche Beziehung harmonisiert sich überraschend wie von Geisterhand. Es scheint wie ohne dein Zutun, aber mit den Wach-auf!-Gaben tust du tatsächlich sehr viel, und zwar ganz konkret. Wundere dich nicht, wenn plötzlich alles zu gelingen scheint. Mit den 21 Wach-auf!-Gaben setzt du auch intentional NEUE Ursachen, sodass die entsprechende NEUE Wirkung nicht auf sich warten lassen wird. Immerhin stellst du dem Leben eine völlig veränderte innere Einstellung zur Verfügung.

Die 21 Wach-auf!-Gaben setzen einen Prozess in Gang, der nicht spontan stattfindet, sondern andauernd. Diesen Prozess nenne ich »Erwachen«. Glaub mir, es wäre eher langweilig und nicht annähernd so werthaltig, von heute auf morgen vollständig erwachtes Bewusstsein zu sein. Es geht darum, die Erfahrungen – WIE du erwachst – nach und nach zu verinnerlichen. Schritt für Schritt erwachst du in der Unvollkommenheit zu deiner Vollkommenheit.

ANLEITUNG ZUM ERWACHEN

Je früher du mit den 21 Wach-auf!-Gaben beginnst, desto schneller erwachst du! Allein diese Aussicht ist schon extrem erstrebenswert. Ich an deiner Stelle würde keine Sekunde länger warten. Am Anfang wird es sich vielleicht so anfühlen wie kleine Glücks-Inselchen in deinem Alltag, wenn du für Momente als erwachtes

Bewusstsein lebst. Du wirst dann bald feststellen, dass diese kleinen Inselchen zu größeren Inseln anwachsen, die sich untereinander verbinden und irgendwann deinen ganzen Alltag als Bewusstseins-Festland ausfüllen. Und mehr noch: Deine alten trägen Gewohnheits-Inseln werden nach und nach verschwinden. Dann hast du es geschafft und bist erwacht! Nimm dir ein wenig Zeit dafür, denn schließlich hast du lange geschlafen, und in dieser Zeit hast du dich mit deinem Körper, deinem Verstand – ja, mit der Illusion deiner Realität identifiziert. Wenn du jetzt beginnst, hast du dich spätestens in 21 Tagen aus dieser begrenzten Identifikation gelöst und nimmst die dahinterliegende Wirklichkeit wahr. Es lohnt sich, diese Zeit zu investieren, denn die Wach-auf!-Gaben werden dein Leben grundlegend verändern. Du wirst dich von allen Seiten mit guten Nachrichten und Überraschungen beschenkt fühlen. Du beschenkst dich aber letztlich selbst, denn es ist nur logisch, dass die Wirkung nicht ausbleibt, wenn du eine neue Ursache schaffst. Deine Lebenswirklichkeit reflektiert sozusagen deine neue innere Einstellung – wie ein Spiegel. Wie innen, so außen.

DAS 21-TAGE-PROGRAMM

Absolviere die Wach-auf!-Gaben der Reihe nach, beginne am ersten Tag mit der 1. Wach-auf!-Gabe und schließe das Training am 21. Tag mit der 21. Wach-auf!-Gabe ab.

Hinweis: Es gibt Anteile, die sich jeden Tag wiederholen, u.a. beim Start in den Tag und beim Zubettgehen am Abend. Diese Anteile erkennst du daran, dass sie dünngedruckt sind. Die grau unterlegten Passagen zeigen die jeweils neu durchzuführenden Aufgaben.

Lies dir am besten schon am Vortag die Erklärung zu der jeweiligen Wach-auf!-Gabe durch, sodass du vorbereitet bist und am nächsten Morgen gleich beginnen kannst.

_ Alle Wach-auf!-Gaben sind wertvolle Geschenke. In dem Wort »Aufgabe« ist das Wort »Gabe« – ein Geschenk – schon drin. Und noch etwas: Du wendest dabei auch deine Expeditionsausrüstung bewusst an, erstens deine Flügel (deine freie Wahl), zweitens deinen Zauberstab (deine Gedanken) und drittens deinen Kompass (deine Gefühle). Schon zu Beginn der 21 Tage bist du also bestens ausgestattet. Halte deine Sinne offen! Nimm die Veränderung wahr! Bemerke, was dir das Leben schenkt!

1. WACH-AUF!-GABE: SCHAFFE ICH-INSELN!

Leben findet nur im Hier & Jetzt statt.

Die 1. Wach-auf!-Gabe besteht darin, dich bewusst zu entscheiden: Wer willst du sein im Spiel des Lebens – Spieler oder Spielfigur? Als Spieler übernimmst du die Verantwortung und entscheidest dich ganz bewusst für jeden Spielzug. Als Spielfigur bist du jedoch das Opfer deiner Umstände. Solange du glaubst, dass sie die Wirklichkeit sind, bist du bloß eine Marionette, die von den äußeren Einflüssen und Gegebenheiten gelenkt wird. Du glaubst, keine eigenen Möglichkeiten zu haben, doch dies scheint nur so. Als Spieler weißt du einfach, dass du IMMER die Wahl hast, auf alles Einfluss zu nehmen, was geschieht. Erinnerst du dich an die Flügel? Als Spieler bist du in der Lage, jederzeit deinen Standort zu wechseln. Als Spielfigur weißt du jedoch nicht, dass du deine Lebensrealität selbst geschaffen hast – nach dem Prinzip von Ursache und Wirkung. Du identifizierst dich mit deinen Gedanken und fühlst dich nicht sehr beweglich. Je früher du die Entscheidung triffst, als Spieler zu leben, je schneller erwachst du als Bewusstsein, als ICH.

AUSFÜHRUNG

Am Morgen
- Nach dem Aufwachen – noch bevor du aufstehst – mache dir bewusst, dass du als ICH in deinen Tag startest.
- Bedanke dich bei deinem Körper, deinem Verstand und deiner Persönlichkeit dafür, dass sie es dir ermöglichen, Erfahrungen in diesem irdischen Leben zu sammeln. Bedanke dich auch dafür,

dass es dir mit Spaß und Leichtigkeit gelingt, die heutige Wach-auf!-Gabe spielend zu meistern.

- Bitte um Hilfe aus der geistigen Welt.

Am Tag

- Besorge dir 20 bis 40 auffällige, fröhliche Karten und beschrifte sie mit der Frage: »Wer bin ich gerade?« Bringe die Karten als Wach-auf!-Inseln in deiner Umgebung an vielen wichtigen Stellen an, wo du sie regelmäßig siehst. Denke auch daran, sie in deinem Auto und an deinem Arbeitsplatz gut sichtbar zu verteilen.
- Wähle einen Gegenstand als Wach-auf!-Anker, den du stets in der Hosen- bzw. Jackentasche oder am Arm bei dir führst.
- Sobald du eine Karte erblickst oder deinen Wach-auf!-Anker berührst bzw. am Arm bemerkst, halte inne und erinnere dein ICH. Erlebe diesen Moment bewusst. Mach dir klar, dass du dieses Bewusstsein bist und dein Körper und dein Verstand dir dazu dienen, irdische Erfahrungen zu sammeln.
- Wiederhole diesen Vorgang fortlaufend 21-mal. Nutze die Wach-auf!-Inseln und deinen Wach-auf!-Anker, bis du alle 21 Wach-auf!-Gaben durchgeführt hast.

Am Abend

- Wenn du zu Bett gehst – platziere deinen Wach-auf-Anker dort, wo du ihn morgens gleich als erstes erblickst.
- Bedanke dich dafür, dass es dir mit Spaß und Leichtigkeit gelungen ist, die heutige Wach-auf!-Gabe in deinen Alltag zu integrieren.
- Als das ICH, das du bist, legst du deinen wundervollen Körper zum Schlafen nieder.

ICH-Inseln schaffen

Der Mensch braucht regelmäßig einen Weckruf, der ihn daran erinnert, wer er wirklich ist. Nur die Entscheidung zu treffen, Spieler zu sein, reicht leider nicht, um zu erwachen. Da dein Gehirn nicht automatisch auf Erwachen schaltet und auch dein Denken nicht von allein zurückfährt – damit du dich an dein wahres ICH erinnern kannst – musst du den Prozess deines Erwachens selbst in Gang setzen. Du kannst es dir so vorstellen: Dein ICH ist quasi das Internet. Die Verbindung zum Internet steht, sobald dir bewusst wird, dass du im Moment lebst. In diesem bewussten Augenblick denkst du nichts, sondern du nimmst dich gegenwärtig wahr – du bist online! Deine gewohnheitsmäßig abspulenden Gedanken unterbrechen jedoch immer wieder die Internet-Verbindung – du bist offline.

Unkontrolliertes Denken und bewusste Wahrnehmung schließen sich gegenseitig aus.

Je mehr du also übst, dich im Moment bewusst wahrzunehmen, je weniger können dich deine Gedanken offline schalten. Du wirst feststellen, dass es dir immer besser gelingt, dich selbst gegenwärtig bewusst wahrzunehmen. Die Kunst besteht darin, die online-Verbindung zu deinem ICH aufrechtzuerhalten. Um im Bild des Autopiloten zu bleiben: Er muss zuerst auf das Erwachen umprogrammiert werden, damit die Leitung zum Bewusstsein frei wird. Die Erinnerungsanker funktionieren dabei als Unterbrecher deiner Muster, Gewohnheiten und Gedankenspiralen. Die »Wer-bin-ich?«-Karten schaffen Wach-auf!-Inseln in deiner gewohnten Umgebung, die dich an deine Entscheidung erinnern, als Spieler zu leben. Sie holen dich vor allem aus deinen unkontrollierten Gedankenmustern heraus.

Ich selbst habe mir zur Unterstützung einen positiv illustrierten Gute-Laune-Kartenblock gekauft, die Rückseiten beschriftet mit: »Wer bin ich gerade?« und sie dann überall dort ausgelegt, wo ich sie möglichst häufig sehen konnte. Ich verteilte sie großzügig –

am Spiegel im Bad, auf meinem Nachtschrank, in der Küche auf dem Esstisch, am Computer im Büro, im Auto – überall dort, wo ich mich routinemäßig aufhielt. Jeder Blick auf eine dieser Karten erinnerte mich. Ich hielt inne und machte mir bewusst, *wer ich gerade war* – in meinen Gedankenmustern gefangen, mit meinem Mensch-Sein identifiziert, abgetaucht in mein Spielfiguren-Dasein? Oder mein eigener Beobachter, der bewusst den Moment erlebte? Schritt für Schritt gelang es mir auf diese Weise, mich an mein ICH zu erinnern und gegenwärtig zu sein.

Zur Erinnerung: Der Verstand gibt nach 21-fachem Lernerfolg das Erlernte zur automatischen Ausführung an das Unbewusstsein weiter. Wie ein Muskel gewöhnt sich dein Verstand an eine wiederholte Abfolge von Handlungen. Sobald die Wach-auf!-Inseln 21- mal hintereinander ihren Zweck erfüllt haben, wird die ICH-Erinnerung ein automatisierter Alltags-Bestandteil deines Unterbewusstseins sein. Deshalb ist es so wichtig, dass du dein Wach-auf!-Gaben-Training ohne Unterbrechung absolvierst.

Mache dir bei jeder Karten-Insel bewusst, *wer du wirklich bist* in diesem Moment. Dabei kannst du folgenden Satz – laut oder leise – zu dir sagen: »ICH bin nicht mein Verstand, nicht mein Körper und nicht meine Persönlichkeit. ICH bin ewiges Bewusstsein.« Du wirst feststellen, wie viel bewusster du mit jedem weiteren Aussprechen dieses Satzes lebst und wie viel näher du damit deinem ICH kommst.

TIPPS: *Wenn es dir bei dem Blick auf eine deiner Karten einmal nicht gelungen ist, dich an dein ICH zu erinnern, beginne einfach von vorne. Bitte auch deine geistigen Helfer um Unterstützung, sie werden sofort zur Stelle sein, um dich bei deinem Training voranzubringen, vertraue einfach darauf. Sie helfen dir übrigens nur, wenn du sie konkret darum bittest.*

Lass die Karten über den gesamten Zeitraum der *21 Wach-auf!-Tage* sichtbar und auffällig dort liegen, wo du sie täglich mehrmals siehst. Ändere die Stellen regelmäßig, damit sich dein Verstand nicht an die Orte gewöhnt, wo du die Karten aufgestellt hast. Nur so kannst du deinen inneren Autopiloten ausschalten. Die große Macht der Gewohnheit – im Positiven wie im Negativen – sorgt dann nach Ablauf der drei Wochen dafür, dass du dich AUCH OHNE Karten daran erinnerst, die Verbindung zu deinem ICH zu halten. Deine Neuprogrammierung ist dann erfolgreich verlaufen – du bist online!

Es versteht sich übrigens von selbst, dass dich im Anschluss daran regelmäßige Wiederholung dabei unterstützt , deinen ICH-Fokus zu halten. Wenn du deine Erinnerungsanker also weiter benutzen willst, ist es sinnvoll, nicht nur ihre Positionen regelmäßig zu verändern, sondern die Karten auch gegen neue Motive auszutauschen.

Erinnerungsanker

Für unterwegs, z. B. im Fitness-Studio, in einer Verhandlung oder in der Schule und überall außerhalb deines gewohnten Umfeldes, kannst du dir zusätzliche Erinnerungs-Anker beschaffen, die du bspw. in der Hosentasche oder am Arm trägst. Wenn die Karten gerade nicht zur Hand sind, sorgt dein Anker in der Hosentasche oder am Arm dafür, dich aus der Identifikation mit deinem Verstand zu bringen und ins Hier und Jetzt zu ziehen. Ich selbst habe über die Jahre zu diesem Zweck viele kleine Steine gesammelt, ich trage immer einen Erinnerungs-Stein in der Hosen- oder Jackentasche. Für den Arm habe ich mich darin verliebt, auffällige bunte Bänder zu tragen. Sie sind nicht nur schön, sondern wirken wahre Wunder auf dem Weg zum ICH. Suche für diesen Zweck selbst einen kleinen, besonderen Gegenstand, der sich als Wach-auf!-Anker eignet, den du auf eine für dich angenehme Weise immer bei dir tragen kannst. Mache ihn zu deinem ganz besonderen Begleiter, der dich stets zuverlässig an dein ICH erinnert.

2. WACH-AUF!-GABE: BEOBACHTE DEIN ICH!

Der Schlüssel ist »JETZT«.

Der Weg führt dich nur dann direkt zu deinem ICH, also zu deinem wahren Selbst hin, wenn du ein Bewusstsein für dich selbst und deine Existenz entwickelst. Dir deiner selbst bewusst zu werden, das ist schon alles, aber für die meisten geht das nicht mit einem Fingerschnippen – oder doch? Bewusst *sein* kannst du nur in diesem Moment, im Jetzt, denn nur in diesem einen Moment lebst du. Vor einigen Sekunden oder gestern ist vorbei und nachher, die nächste Stunde etwa oder morgen hat noch nicht stattgefunden und ist somit völlig ungewiss. Vielleicht ist dir auch schon aufgefallen, dass du die meiste Zeit deines Lebens entweder in der Vergangenheit oder in der Zukunft verbringst, zumindest in Gedanken. Du denkst in Erinnerungen an das, was mal war, oder in Sorgen und Planungen für das, was noch kommen wird. Damit verpasst du aber den wichtigsten Moment, der dir hier auf der Erde geschenkt wird: Dein Jetzt! Nur im gegenwärtigen Jetzt-Moment kannst du bewusst leben, und genau das trainierst du mit der 2. »Wach-auf!«-Gabe.

Den wenigsten Menschen gelingt es, immerzu gegenwärtig zu sein, im bewussten Zustand des Daseins im Augenblick. Unser Verstand ist darauf geeicht, ständig Erinnerungen abzurufen an das »schöne Damals« oder »schreckliche Gestern«. Ebenso ist er darauf trainiert, unablässig Sorgen, Befürchtungen, Zweifel, mangelndes Selbstbewusstsein, einschränkende Vorstellungen zu produzieren. Unsere linke, analytische Gehirnhälfte[13] ist ununterbrochen aktiv,

---

[13] Siehe dazu: Michael LeBoeuf: Imagination, Inspiration, Innovation – Kreative Kräfte nutzen. mvg Verlag 1991

wir denken nahezu lückenlos »linksseitig«. Daher ist das Im-Jetzt-Sein eine echte Herausforderung für unseren Verstand und meistens schafft er es nicht auf Anhieb.

Das verstandesmäßige Gedankengerüst setzt sich aus allen Erfahrungen in dieser aktuellen Inkarnation zusammen. Im Vergleich zur Gesamtheit aller Erfahrungen im mehrdimensionalen Bewusstsein aber ist unser Denken ziemlich eingeschränkt. Es ist in etwa so, als ob wir eine Wüste mit einer paradiesischen Oase vergleichen würden: Menschen kämpfen mit den Herausforderungen der Wüste, sie ringen mit jedem Sandkorn, leiden an Wassermangel, entbehren Nahrung und leben in Abhängigkeit von den höheren Gewalten, die ihr Leben vermeintlich in der Hand haben. Vor lauter Sand sehen sie die die paradiesische Oase nicht, obwohl sie schon immer da war. Und wenn sie sie sehen, meinen sie, sie sei einen Fata Morgana.

Wir alle sind in diesem Leben vorwiegend identifiziert mit unserem Verstand und daran gewöhnt, uns von unseren beschränkten Gedanken führen zu lassen. Es wäre daher verwegen, von unseren Gedanken zu erwarten, dass sie einfach so, von heute auf morgen, von ihrem überwiegend sorgenvollen und ängstlichen Misserfolgsprogramm umschalten auf ein positives, überwiegend zuversichtliches Erfolgsprogramm. Es wäre utopisch, davon auszugehen, dass sie »freiwillig« den Vorhang beiseiteschieben und den Weg des paradiesischen Lebens als ICH freimachen. Und doch: Wie die Oase in der Wüste ist unser ICH immer da. Wenn wir es einmal bewusst »erinnert« haben, müssen wir nur dafür sorgen, dass wir auf der bewussten Seite des Gedankenvorhangs bleiben, auf der der Zugang zu unserem ICH nicht verdeckt wird. Das wird umso leichter, je öfter wir das üben. Der Vorhang aus Gedanken ist nichts anderes als ein programmierbarer Autopilot. Sobald du dir klar gemacht hast, dass du es bist, der deinen Autopiloten an-

und ausschalten kann, bist du deiner Bewusstheit und deinem ICH schon ein ganzes Stück nähergekommen.

Übernimm die Führung!

Warte nicht, wie so viele Menschen, bis etwas Schlimmes passiert, das dich aus deiner komfortablen Autopilot-Bahn wirft, sondern entscheide jetzt gleich, selbst die Führung über dein Leben zu übernehmen. Vielen Menschen, die sozusagen nur mit einem Bein zu sich selbst erwacht sind, fällt es zwar leicht, sich für kurze Zeit als größeres Bewusstsein wahrzunehmen, aber dann übernimmt schon bald wieder ihr Verstand, der unbewusste Autopilot, die Führung über ihr Leben und ihr Denken. Und da der Verstand es gewohnt ist, unentwegt zu denken, bleibt die »Leitung besetzt«, wenn die bewusste Wahrnehmung anklopft. Erst dann, wenn die »Leitung frei« wäre, könnten sie auch bewusst leben.

ICH-bewusst zu sein bedeutet, ganz im Augenblick zu *sein*, dich von der Identifikation mit deinem Verstand zu lösen und dich und dein Leben aus einer höheren Perspektive (Meta-Ebene) zu beobachten – jenseits der Gedanken. Um zu diesem ICH-Bewusstsein zu erwachen, solltest du also so oft wie möglich dein ICH-Programm starten und damit die Leitung »frei« machen von Verstandesaktivität. Dies mag eine Veränderung deiner bisherigen Lebensweise und Lebenshaltung erfordern. Worauf du deinen Fokus richtest und mit welcher Einstellung du dein Leben, Situationen und Umstände wahrnimmst, hat nämlich erheblichen Einfluss darauf, ob und wie leicht es dir gelingt, dich nicht mehr mit deinem Verstand zu identifizieren.

_ *Je positiver deine emotionale Wahrnehmung ist, desto höher schwingst du, sozusagen entsprechend der positiven hohen Schwingung deines wahren Seins.*

Dein Verstand, deine alte Denkweise, steht deinem ICH bisher im Weg, weil er niedriger schwingt als dein Bewusstsein. Erwachen und erwacht bleiben kannst du nur mit einer hohen Schwingung, also mit vorwiegend positiven Gefühlen. Jeder Ärger, jede Traurigkeit, jedes Grübeln, jeder Zorn, Hass und Missmut und ganz besonders jede Angst verhindern dein Erwachen. Vielen Menschen gelingt es vielleicht, zeitweise zu erwachen, doch dann rutschen sie wieder zurück in die Identifikation mit ihrem Verstand. Hauptsächlich ist ihr Ego-Programm dafür verantwortlich, denn ihr Verstand reagiert gewohnheitsmäßig auf Lebensumstände mit negativen Gedanken und Emotionen. Vor alles und jedem erscheint sofort ein Minus als Vorzeichen. Es ist also gar nicht möglich, dass dein Verstand dich darin unterstützt, ab sofort ICH-bewusst zu leben. Die Wach-auf!-Gaben sollen dir deshalb dabei helfen, eine nützlichere Programmierung deiner inneren »Festplatte« vorzunehmen. Sie generiert automatisch solche Denkmuster, die hochschwingend sind und dein Erwachen fördern.

_ *Sobald dein Autopilot-Programm läuft, richtet sich dein Fokus auf das Positive und es werden gute Gefühle generiert. Du erkennst dich selbst als ICH – als Schöpfer und vollkommenes Wesen. Du bist erwachtes Bewusstsein.*

Um diese Erfahrung dauerhaft zu »installieren« und negative Verhaltens- und Denkweisen in positive Muster zu wandeln, braucht dein Verstand eine neue Konditionierung seiner Reaktionsgewohnheiten. Zumindest am Anfang wirst du feststellen, wie häufig dein innerer Zustand und dein Befinden ausgelöst werden von alten Verhaltens-, Denk- und Gefühlsmustern – als verstandesmäßige Reaktionen auf *äußere Umstände*. Und nicht nur das, auch biochemische Prozesse im Körper bewirken aufgrund von äußeren Zustandsauslösern, dass du auf eine präzise und über die Jahre antrainierte Art und Weise auf äußere Umstände, Personen und Situationen reagierst – so, wie wir alle es schon unzählige Male getan haben. Es ist eine unbewusste Gewohnheit.

Haben wir uns bspw. früher in wiederkehrenden Situationen über bestimmte Verhaltensweisen anderer Menschen immer wieder geärgert oder hatten wir immerzu Angst und Sorge aufgrund von ständigem Mangel oder Kritik, dann waren wir entsprechend traurig oder wütend, wenn wir mit den betreffenden Personen oder Ereignissen konfrontiert wurden. In unserem Körper haben sich die dazugehörigen biochemischen Abläufe wiederholt, sodass unsere Zellen auf die gewohnten Emotionen konditioniert und regelrecht danach »süchtig« wurden.

_ *Dieselben oder ähnliche Personen, Ereignisse und Situationen lassen uns emotional ähnlich oder genauso hoch oder niedrig schwingen, weil unsere Zellprogrammierung von jeher so oder ähnlich darauf reagiert.*

Unsere emotionalen Zustände sind also kein Zufall, sie entwickeln sich nicht willkürlich. Sie »passieren« immer und immer wieder, weil wir unserem unbewussten Verstand, also unserem Autopiloten, und unseren routinierten Gedanken die Führung überlassen. Eine wundervolle Möglichkeit, ab sofort ICH-bewusst im Augenblick zu leben, ist demnach logischerweise die, vom Verstand *ins Herz* zu wechseln und dich bzw. deinen Zustand bewusst zu beobachten.

Die Beobachter-Position einnehmen

Dir deiner selbst bewusst zu sein bedeutet, einfach zu *sein* und gleichzeitig nur zu *beobachten*. Das erfordert vor allem Achtsamkeit im Augenblick. Die Beobachter-Position einzunehmen gelingt dir am leichtesten, wenn du dir innerlich vorstellst, dass dein Bewusstsein, dein ICH, durch deine Augen das Leben und deinen Körper beobachtet. Tue so, als ob du alles zum ersten Mal erlebst. Beobachte fasziniert, wie mit den Augen eines Kindes, wie dein Körper funktioniert, wie deine Hände Griffe ausführen, deine Beine sich bewegen, was du gerade tust und wie sich die Welt um dich herum gestaltet. Beobachte auch deinen Verstand und die Gedanken, die er produziert. Tue so, als wären Körper und Verstand deine Kinder. Lehre sie, ruhig und gelassen zu bleiben. Sei nachsichtig und liebevoll mit ihnen.

Begib dich immer wieder in diese Beobachter-Position, sobald du bemerkst, dass du dich mit deinem Körper und deinem Verstand identifiziert hast. Dieses *neutrale* Beobachten deines Erfahrungsinstrumentes »Körper« und deines Umfeldes ist die Eingangspforte zum Erwachen. Je öfter dir das gelingt, je normaler wird es für dich sein, dir deines ICH immer wieder neu bewusst zu werden, welches deinen Körper und deinen Verstand bewusst und neutral beobachtet und sich nicht mit ihnen identifiziert.

AUSFÜHRUNG

Am Morgen

- Nach dem Aufwachen – noch bevor du aufstehst – mache dir bewusst, dass du als ICH in deinen Tag startest.
- Bedanke dich bei deinem Körper, deinem Verstand und deiner Persönlichkeit dafür, dass sie es dir ermöglichen, Erfahrungen in diesem irdischen Leben zu sammeln. Bedanke dich auch dafür, dass es dir mit Spaß und Leichtigkeit gelingt, die heutige Wachauf!-Gabe spielend zu meistern.
- Bitte um Hilfe aus der geistigen Welt.

Am Tag

- Beobachte deinen Körper heute bei allen Handgriffen und Bewegungen, die er tut. Beobachte – wie ein Außenstehender – deinen Verstand bei allem, was er denkt.

- Behandele deinen Körper und deinen Geist heute so liebevoll und geduldig wie deine Kinder, damit sie lernen, Ruhe und Gelassenheit zu finden.
- Begib dich immer wieder bewusst in die Beobachter-Position und nimm durch deine eigenen Augen deinen Körper, deinen Verstand und deine Umgebung wahr. Wiederhole diesen Vorgang heute 21-mal.

Am Abend
- Nimm deinen Wach-auf!-Anker mit ins Bett und bedanke dich dafür, dass es dir mit Spaß und Leichtigkeit gelungen ist, die heutige Wach-auf!-Gabe in deinen Alltag zu integrieren.
- Platziere deinen Wach-auf-Anker dort, wo du ihn morgen früh gleich als Erstes erblickst.
- Lege als das ICH, das du bist, deinen wundervollen Körper zum Schlafen nieder.

3. WACH-AUF!-GABE: RAUS AUS DER KOMFORTZONE!

Überliste dein Gewohnheitstier!

Die Art und Weise, wie wir denken, wird zur Gewohnheit. Denken an sich ist bereits eine Gewohnheit! Der Mensch ist ein Gewohnheitstier, er neigt dazu, immer die gleichen Muster zu wiederholen. Betrachte nur einmal deinen Alltag: Schon beim Aufwachen rattern deine Gedanken los, richtig? Bis du zum Bad und von dort in die Küche gekommen bist, hat dein Verstand vermutlich schon 15.000 Gedanken gedacht, alle auf die *gewohnte* Art und Weise. Und das ist erst der Anfang! Immer derselbe Weg zum Auto, zum Büro. Immer die gleichen Handlungsabläufe über den ganzen Tag verteilt. Das alles sind Produkte deines Autopiloten, den du genau so programmiert hast. Hinzu kommen deine bereits angesprochenen gewohnheitsmäßigen Reaktionen auf alles, was sich in derselben oder ähnlichen Art ereignet, auf jeden, der dir immer wieder begegnet usw. Ob freudig oder ärgerlich, deine eigenen Reaktionen beeinflussen andauernd deine Schwingung. Das Interessante daran ist, dass nach dem »Gesetz der Anziehung«[14] jede Schwingung gleichgeartete andere Schwingungen anzieht.

_ *Du ziehst genau solche Situationen in dein Leben, die gleiche oder ähnliche Emotionen in dir auslösen wie die, die du gerade fühlst. Du bekommst, was du aussendest!*

Menschen wollen sich im Grunde nicht gerne verändern. Der Verstand mag Veränderung nicht, denn dann muss er etwas Neues lernen und das ist anstrengend und gefährlich. Der Verstand liebt immer gleiche Abläufe, weil er sich dann sicher fühlt und weniger »arbeiten« muss. Alles, was neu ist, ist unbequem und mit Aufwand verbunden, ganz gleich, wie verlockend die Aussichten sind: Ob es darum geht, Autofahren zu lernen oder eine Sportart zu beherrschen, sich zu trauen, mit dem Fallschirm zu springen oder sogar Bungee-Jumping zu probieren, ob man eine Ausbildung oder ein Studium beginnt oder einfach nur versucht, die Dinge ausnahmsweise mal positiv zu sehen – im ersten Reflex schafft der Verstand diverse Worstcase-Szenarien und daran anknüpfend sucht er mögliche Lösungen dafür. Das ist seine Aufgabe, sein Job!

---

[14] Siehe dazu: Charles Haanel: The Master Key System – Der Universalschlüssel zu einem erfolgreichen Leben. Goldmann Verlag 2012. Rhonda Byrne: The Secret – Das Geheimnis. Arkana 2007. Jack Canfield: Schlüssel zum Gesetz der Anziehung – So machen Sie Ihre Lebensträume wahr. VAK Verlag 2013

Wie lange braucht ein Kind, um zu lernen, sich selbstständig die Zähne zu putzen oder sich die Schnürsenkel zu binden? Wie lange dauert es, bis es die Bewegungsabläufe automatisch ausführt und laufen und sprechen lernt? Während aber Kinder überaus begeistert alles nachahmen, was man ihnen zeigt und vorlebt, stehen sich Erwachsene selbst im Weg mit ihren Versagensängsten, die nicht nur niedrig schwingen, sondern auch Bilder möglicher Worstcase-Szenarien im Kopf produzieren. Dementsprechend erschafft ihr Verstand mentale Hürden, über die sie nicht hinauskommen – self-fulfilling prophecies[15] (selbsterfüllende Prophezeiungen).

_ *Alle Bilder in deinem Kopf werden auf die Dauer zu einer mentalen Gewohnheit. Sie erschaffen deine konkrete Realität, ob es sich nun um positive oder negative Bilder handelt.*

Hast du gewusst, dass dein Verstand 60.000-80.000 Gedanken pro Tag hervorbringt? Davon sind übrigens nur 1-5 % bewusste Gedanken. Der bewusste Verstand lernt ständig, aber er hört auch immer wieder auf zu lernen, wenn etwas Gelerntes zu einer Konditionierung geworden ist, wie bspw. das Autofahren oder das Binden von Schnürsenkeln. Er delegiert die Konditionierung an das Unterbewusstsein zur weiteren automatischen Ausführung. Das Gleiche geschieht mit positiven und negativen Gedankenmustern, wenn wir z. B. glauben, dass uns das Autofahren leicht oder schwer fällt, dass wir die Schnürsenkel gut oder schlecht binden können oder dass wir generell im Leben immer Glück oder sowieso immer Pech haben. Solche Muster im Denken entstehen zunächst durch wiederholte Erfahrungen, von Kindheit an. Sie werden dann über die Zeit zu unserem Lebensprogramm, und das *wiederholt* sich dementsprechend *automatisch*. Da sich nach diesem Mechanismus schreckliche Vorstellungen ebenso »erfüllen« wie grandiose

---

[15] Joe Dispenza: Du bist das Placebo – Bewusstsein wird Materie. Koha 2014

Traumvorstellungen, können wir nach Belieben die schrecklichen Muster ein- oder abreißen und unseren Verstand in wünschenswerte Richtungen umschulen.

_ *Wir können aus eigenem Antrieb und eigener Kraft wirklich etwas verändern!*

Aus eigenem Antrieb heißt, dass wir unsere Denkgewohnheiten nur aus zwei Gründen verändern: entweder, weil wir starke Schmerzen haben und leiden oder weil wir große Ziele haben. Die meisten Menschen sind erst dann bereit, sich aus ihren Gewohnheiten und Komfortzonen heraus zu bewegen, wenn ihre Lebensumstände so unerträglich geworden sind, dass sie es nicht mehr aushalten. Es ist wie bei einem Stein im Schuh: Anfangs denkst du, du kannst ihn ignorieren, doch je länger du mit dem Stein im Schuh läufst, desto unangenehmer und schmerzhafter wird es. Irgendwann hältst du es nicht mehr aus, weil dein Fuß wund ist. Du ziehst den Schuh aus, um den Stein herausfallen zu lassen. Leider geschieht das meistens so spät, dass man anschließend gar nicht mehr laufen kann.

Die Entstehung von Gewohnheiten haben ursprünglich den guten Grund, Energie zu sparen. Wenn du jedes Mal neu darüber nachdenken müsstest, wie du deine Schnürsenkel binden musst oder ob du bei einer roten Ampel stehen bleiben sollst, wäre dein Verstand völlig überfordert, denn Denken bzw. Lernen nimmt Kapazitäten in Anspruch. Wenn du per Autopilot lebst, spart dein System also Energie, aber dafür wiederholen sich auch die immer gleichen Erfahrungen. Erwachen bedeutet, Gewohnheiten zu unterbrechen und frei zu sein für neue Erfahrungen und Entscheidungen. Sobald du nicht mehr in mentalen Routinen festsitzt, kannst du neue Entscheidungen treffen und bessere Erfahrungen machen. Da du dich wiederum daran gewöhnst, programmierst du so dein Denken auf eine für dich sinnvollere Art und Weise.

Natürlich gehen die meisten Menschen in diesem Sinne wie schlafwandelnd durchs Leben und beißen sich wie Zecken fest, vorzugsweise in negativen Ereignissen, die sie schon im Voraus gedacht – also geahnt, befürchtet oder geplant haben. Dadurch ziehen sie noch mehr Negatives in ihr Leben und merken es nicht. Ihr Fokus wird immer enger und beleuchtet nur das »erwartete« unerwünschte Ergebnis, bis es sich tatsächlich manifestiert, was ihre Befürchtungsgewohnheiten erneut bestätigt und festklopft. Gleichermaßen funktioniert es aber auch mit positiven Erwartungen. Daher liegt es nahe, dass du ein großes Ziel hast, nämlich zu deinem ICH zu erwachen. Das ist ein starkes Motiv, deshalb wird dir die Veränderung auch leichtfallen und Spaß machen. Bewusst zu *sein* gehört zu den erstrebenswertesten Zielen, die ein Mensch haben kann.

Der Weg über dein Verhalten

Mit der 3. Wach-auf!-Gabe schaffst du eine Grundlage für Erfolg: Veränderung! Heute überlistest du das Gewohnheitstier in dir und machst bewusst neue Erfahrungen. Du tust heute einfach Dinge auf eine andere Weise als sonst. Sitzt du bspw. immer auf demselben Stuhl am Esstisch oder im Büro, und isst du immer das gleiche Müsli zum Frühstück? Wechsle bei jeder Gelegenheit deinen Sitzplatz, egal ob zu Hause, im Restaurant oder im Bus. Iss heute ein Rührei statt Haferflocken. Nimm doch mal das Fahrrad anstatt des Autos für den Arbeitsweg. Verlasse ganz bewusst deine Komfortzone! Trink heute Tee statt Kaffee, zieh dir was Verrücktes an, geh spazieren oder in ein Café, nimm eine unbekannte Joggingstrecke, probiere beim Kochen etwas Neues aus, wähle am Abend die Comedy Sendung anstelle des Krimis. Rufe jemanden an, den du schon lange nicht mehr gesprochen hast.

Ich habe mir angewöhnt, auf verrückte Vorschläge automatisch mit »Ja!« zu antworten und es dann ohne langes Nachdenken auch zu tun. Wenn mich heute jemand fragt: »Kommst du mit Fall-schirm-Springen?«, sage ich einfach: »Ja!« Auf diese Weise habe ich schon viele spannende Dinge erlebt. Ich mache so die Erfahrung, etwas zu tun, was mir gerade einfällt und das Nachdenken gar nicht zu brauchen. Meine Programmierung ist auf Erfolg aus-gerichtet, also bin ich flexibel und entscheide spontan. Ich ver-schiebe nichts mehr! Ich warte auf nichts mehr! Ich probiere alles aus, wozu ich JETZT Lust habe. Es ist inzwischen mein Programm, vieles auf unterschiedlichste Art und Weise zu machen, damit nichts mehr zu einer Gewohnheit werden kann. Als kostbarer Ne-beneffekt gibt es seitdem auch kein »Ich kann das nicht!« mehr in meinem Leben.

So viele Menschen verschieben ihre Träume, Ziele und Vor-haben in eine unbestimmte Zeit, von der sie nicht mit Sicherheit sagen können, ob sie sie noch erleben werden. Ich lebe jeden Tag so, als wäre es der erste und letzte in meinem Leben. Ich mache nur Dinge, die mir Spaß machen. Ich liebe, was ich tue, deshalb ist jeder einzelne Tag für mich das Paradies.

_ *Du hast nur diesen Augenblick, um zu leben. Mache dir das immer wieder bewusst!*

Wenn du bewusst Unterschiede schaffst im Alltag, bringt dich das aus deinem gewohnten Trott, und genau das braucht dein Ver-stand, um zu begreifen, dass Veränderung *ganz leicht* ist. Sorge heute für kleine Veränderungen, die deinen Autopiloten ausschal-ten. Führe diese Veränderungen konsequent 21-mal durch. Die 3. Wach-auf!-Gabe wird dich nicht nur aus deiner Komfortzone lo-cken, sondern auch deine Flexibilität trainieren. Die spontane Be-reitschaft zur Veränderung wird einfach zu deiner neuen und besseren Alltagsroutine.

AUSFÜHRUNG

Am Morgen

- Nach dem Aufwachen – noch bevor du aufstehst – mache dir bewusst, dass du als ICH in deinen Tag startest.
- Bedanke dich bei deinem Körper, deinem Verstand und deiner Persönlichkeit dafür, dass sie es dir ermöglichen, Erfahrungen in diesem irdischen Leben zu sammeln. Bedanke dich auch dafür, dass es dir mit Spaß und Leichtigkeit gelingt, die heutige Wach-auf!-Gabe spielend zu meistern.
- Bitte um Hilfe aus der geistigen Welt.

Am Tag

- Verlasse heute bewusst deine Komfortzone und verändere Verhaltensmuster, Gegenstände und Handlungsabläufe – tue heute alles auf eine andere Art. Wähle einen neuen Sitzplatz, sei bewusst freundlich zu Menschen, trage deine Uhr am anderen Handgelenk, schreibe mit links (oder rechts), kaufe woanders ein als gewohnt, ernähre dich anders, gönne dir eine Auszeit.
- Verändere deine Gewohnheiten heute 21-mal! (Behalte deine neu gewonnene Flexibilität am besten für immer bei, denn es ist dein Erfolgsprogramm.)

Am Abend

- Nimm deinen Wach-auf!-Anker mit ins Bett und bedanke dich dafür, dass es dir mit Spaß und Leichtigkeit gelungen ist, die heutige Wach-auf!-Gabe in deinen Alltag zu integrieren.
- Platziere deinen Wach-auf-Anker dort, wo du ihn morgen früh gleich als Erstes erblickst.
- Lege als das ICH, das du bist, deinen wundervollen Körper zum Schlafen nieder.

4. WACH-AUF!-GABE: LASS EIN DANKE IN DIR WACHSEN!

**Mit einem Herz voller Lob und Dankbarkeit
kannst du dich in größere Höhen erheben.**

Seit 20 Jahren praktiziere ich bewusst Dankbarkeit und bereits am ersten Tag änderte sich dadurch mein Leben. Alles wurde viel schöner und erfüllter. Es stellte sich ein Ur-Vertrauen ein, wie ich es vorher nie erlebt hatte. Mit der Zeit bemerkte ich dann, dass die Dinge, für die ich dankbar war, mehr und mehr Platz in meinem Leben einnahmen – ja, sie »vermehrten« sich geradezu auf wundersame Weise.

Dankbarkeit ist zu meiner liebsten Gewohnheit geworden: Ich wache morgens schon *automatisch* dankbar auf. Ich bedanke mich für mein linkes Bein, das aus dem Bett steigt, für mein rechtes Bein, für meine Gesundheit, für das Buch, das ich am Abend zuvor gelesen habe und dafür, dass mein Wecker funktioniert. Ich danke für mein Bett, mein Dach über dem Kopf, unser tolles Haus, meinen wundervollen Mann, der neben mir liegt und schon seit vielen Jahren sein Leben mit mir teilt, für mein Bad, das fließende (warme!) Wasser, für meine gesunden Zähne, meine Dusche, meine Kleidung, den Luxus und die Fülle, die mich umgibt und viele Dinge mehr ...

Wenn ich dann eine Stunde später – nach meiner Meditation – in der Küche ankomme, habe ich mich unbewusst etliche Male bedankt. Dann geht es weiter: Ich bedanke mich für meine leckere Vanillemilch, meine tolle Küche, für meine Kinder, die gerade dazukommen. Ich schaue aus dem Fenster und bedanke mich für das Wetter, mein Auto, mein Motorrad, für einfach alles, was mir gerade einfällt ...

Bis ich zu meinem täglichen Joggen aufbreche, ist mein Herz mit Dankbarkeit gefüllt. Unterwegs findet mein *Autopilot*, also mein unbewusster Verstand, der auf Dank konditioniert ist, dann lauter Dinge, die einfach grandios sind: Spuren von Wildschweinen, Rehe auf dem Feld, den fortschreitenden Sonnenaufgang, den Nebel, die Bäume und andere Naturspektakel, mit denen uns die Erde andauernd beschenkt und verwöhnt. Ich sage »Dankeschön!« für alles, auch für den Regen ...

Mein Tag läuft *automatisch* in der richtigen Spur und ich ziehe nur Gutes und Schönes hinein, weil ich dankbar bin. Dankesagen ist ein Magnet, ein Multiplikator und ein Erfolgsgarant. [16]

_ *Je dankbarer du bist, je mehr traumhafte Situationen und Umstände ziehst du automatisch in dein Leben.*

Dankbarkeit gehört zu den höchsten Schwingungen, die es überhaupt gibt, deshalb sendest du mit jedem Dank eine kostbare Energie aus – und du bekommst noch viel mehr Kostbares zurück! Jeder einzelne Dank *erschafft* mehr von dem, wofür du dankbar bist.

Keine Selbstverständlichkeiten mehr!

Wer in Deutschland lebt, lebt mehr oder weniger in Saus und Braus. Unsere Gesellschaft ist in vieler Hinsicht sehr privilegiert, denn wir leben, im Vergleich mit großen Teilen der Welt, wirklich im Überfluss. Diese Tatsache gehört zu unserem Alltag, ob wir es bewusst wahrnehmen oder nicht – selbst dann, wenn du vielleicht noch nicht akzeptiert hast, dass du selbst der Schöpfer, die Schöpferin deines Lebens bist. Alles, was in deiner Realität vorkommt, erschaffst du mit deinen Gedanken und deinen Emotionen selbst.

---

[16] Siehe auch: Cosima Sieger: Dankbarkeit – Wie Sie in 30 Tagen unendliche Fülle erschaffen! BoD 2019. David Steindl-Rast: Dankbar leben – Ein inspirierendes Praxisbuch. Vier Türme Verlag 2018. Ursula Richard: Dankbarkeit macht glücklich – Über ein Gefühl, das glücklich macht. Scorpio 2015

Das gilt für Reichtum ebenso wie für Armut, für eine glückliche Partnerschaft ebenso wie für eine unglückliche Beziehung oder langweilige Ehe, für Krankheit ebenso wie für Gesundheit. Dieses Prinzip[17] gilt schlicht für alles!

Für viele Menschen ist es dabei selbstverständlich, dass die Sonne jeden Tag scheint, auch hinter den Wolken. Die Sonne versorgt uns mit allem, was wir brauchen. Die Erde stellt alles bereit, damit wir existieren können. Das Wasser lässt alles Leben gedeihen. Wie oft ist dir das bewusst? Wie oft bist du dankbar dafür, dass du auf einem fantastischen Planeten lebst? Fällt dir jeden Tag aufs Neue auf, dass die Natur dich mit unendlich viel Schönheit umgibt? Wie oft ist dir bewusst, dass all die technischen Geräte um dich herum dein Leben erleichtern? Dass du überhaupt ein Dach über dem Kopf hast und deine Heizung dein Heim kuschelig warm hält? Wie normal ist es für dich, dass du gesund bist und dich schmerzfrei bewegen kannst? Wie oft bist du dankbar für deinen wundervollen, magisch funktionierenden Körper, für dein Herz und alle deine Organe, die dich so treu alle Lebensjahre begleiten und rund um die Uhr für dein Wohlbefinden sorgen (obwohl du manchmal zu wenig schläfst oder zu viel trinkst oder rauchst oder Tabletten zu dir nimmst oder dich ungesund ernährst)? Wie oft bist du dankbar für die Menschen in deinem Leben, für deinen Job, deine Hobbies ...?

Je tiefer und aufmerksamer du in dein Leben blickst und je mehr Dinge du »siehst«, für die du dankbar sein kannst, je bewusster wird dir das »Gesetz der Anziehung« in Aktion. Dankbarkeit macht dich *automatisch* gesünder, reicher, wohlbehüteter, vollkommener und glücklicher. Aber was ist mit den negativen Dingen, die in deiner Realität erscheinen, für die du nicht dankbar bist?

---

[17] Siehe dazu: Kurt Tepperwein: Die geistigen Gesetze – Erkennen, verstehen, integrieren. Goldmann Verlag 2009. Jack Canfield: Schlüssel zum Gesetz der Anziehung – So machen Sie Ihre Lebensträume wahr. VAK Verlag 2013

Viele Menschen würden nicht gerne zugeben, dass sie auch die negativen Lebensumstände selbst erschaffen haben. Sie würden sagen: »Ja, meine Familie, meinen Erfolg, meine Anerkennung, das alles habe ich zu verantworten, aber die Krankheit, die Schulden, die Kündigung und die schlechten Noten habe ich mir ganz sicher nicht bestellt!« Doch Tatsache ist, dass wir uns alles, was in unserem Leben vorkommt, durch unsere eigenen Gedanken manifestiert haben. Bevor wir auf der Erde inkarniert sind, haben wir – unsere Seele – zwar bestimmte Lebensumstände für unser aktuelles Leben *ausgesucht*, doch wir haben jederzeit die Möglichkeit, darauf zu reagieren: Wir können uns als Opfer dieser Umstände sehen und leiden. Wir können aber auch unsere Verantwortung erkennen und diese Umstände *ändern*. Eine Möglichkeit besteht darin, mittels Dankbarkeit eine höhere Schwingung zu schaffen und auszusenden. Wenn dir Umstände, Situationen oder Personen begegnen, über die du dich gestern noch geärgert hast, lenkst du ab heute deinen Verstand davon ab und fokussierst ihn auf solche Dinge, für die du dankbar bist, um noch mehr davon in dein Leben zu ziehen.

Überall Wunder sehen

»Du kannst jeden Tag so leben, als sei alles ein Wunder oder so, als sei nichts ein Wunder.« Diesen herrlichen Satz von Albert Einstein lege ich dir besonders ans Herz. Wenn alles ein Wunder ist, ist auch alles *nicht* selbstverständlich! Tatsächlich ist alles besonders – du selbst, deine Freunde, jedes Gänseblümchen, Tiere, einfach alles. Selbst die Umstände, Situationen und Menschen, die du bisher als Leid oder gar als »Strafe« empfunden hast, gehören zu den Wundern in deinem Leben, denn sie beinhalten immer eine Aufgabe, die du dir als Seele selbst ausgesucht hast, um Erfahrungen zu machen und zu lernen. Deshalb kannst du gerade auch für solche Erfahrungen dankbar sein, die dein Verstand als negativ bewertet.

_ *In allem steckt etwas Gutes und ein höherer Sinn! Verliebe dich wieder in dein Leben als ein großes Abenteuer, dass du dir selbst erschaffst!*

Wenn es dir schwerfällt, dankbar zu sein für Dinge, die dich belasten oder die du als ein ärgerliches Problem betrachtest, versuche eine Wertschätzung dafür aufzubringen, dass du so mutig warst, dir diesen steinigen Weg selbst auszusuchen. Ungefähr so, wie du es wertschätzen könntest, wenn du eine hilfreiche Kritik bekommst. Wertschätzung ist der erste Schritt zur Dankbarkeit, besonders dann, wenn dich deine »emotionalen Trainer« herausfordern. Jedes Problem ist eine wertvolle Aufgabe, die du lösen kannst. Zeige deine Wertschätzung besonders den Menschen in deinem Leben, sage ihnen, wie dankbar du für sie bist und wie wundervoll sie sind. Du wirst feststellen, dass du damit mehr Glück, Frieden und gute Beziehungen erschaffst!

Dankbarkeit lässt sich nicht faken, es ist ein echtes intensives Gefühl! Du entscheidest, welche Dinge in deinem Leben du als selbstverständlich betrachten willst und welche nicht! Du hast die Wahl: Wenn du dir Fülle in allen Lebensbereichen wünschst, kannst du dir diesen Wunsch ganz leicht erfüllen, indem du erkennst, dass du schon in der absoluten Fülle lebst! Sei dankbar für alles, was du schon hast!

_ *Dankbarkeit verändert dein Leben ab dem ersten Augenblick gemäß dem Gesetz von Ursache und Wirkung und dem Gesetz der Anziehung. Dankbarkeit muss sich in deiner Realität auswirken! Probiere es am besten gleich selbst aus!*

AUSFÜHRUNG

Am Morgen

- Nach dem Aufwachen – noch bevor du aufstehst – mache dir bewusst, dass du als ICH in deinen Tag startest.
- Bedanke dich bei deinem Körper, deinem Verstand und deiner Persönlichkeit dafür, dass sie es dir ermöglichen, Erfahrungen in diesem irdischen Leben zu sammeln. Bedanke dich auch dafür, dass es dir mit Spaß und Leichtigkeit gelingt, die heutige Wach-auf!-Gabe spielend zu meistern.
- Bitte um Hilfe aus der geistigen Welt.

Am Tag

- Setze heute dein Dankbarkeitsritual fort, nachdem du dein Bett verlassen hast. Fühle deine Dankbarkeit ganz bewusst für alles, was dir heute begegnet.
- Bedanke dich für die Dinge, die im Zusammenhang mit deinen Tätigkeiten stehen oder deine Tagesplanung betreffen. Beziehe alle Personen mit ein, auf die du triffst. Danke auch für die Dinge, die dir Sorgen oder Schmerzen bereiten und dich vor Herausforderungen stellen. Segne jeden und alles, was dir heute begegnet.
- Wiederhole dieses Dankbarkeits-Ritual heute 21-mal.

Am Abend

- Nimm deinen Wach-auf!-Anker mit ins Bett und bedanke dich dafür, dass es dir mit Spaß und Leichtigkeit gelungen ist, die heutige Wach-auf!-Gabe in deinen Alltag zu integrieren.
- Platziere deinen Wach-auf-Anker dort, wo du ihn morgen früh gleich als Erstes erblickst.
- Lege als das ICH, das du bist, deinen wundervollen Körper zum Schlafen nieder.

5. WACH-AUF!-GABE: SCHREIBE DICH GLÜCKLICH! ((Ü3))

Gesprochenes vergeht.
Geschriebenes bleibt.

Ich habe mich vor vielen Jahren für zwei sehr wichtige Alltagsrituale entschieden, die inzwischen aus meinem Leben nicht mehr wegzudenken sind: Erstens meditiere ich jeden Morgen. Zweitens schreibe ich jeden Morgen etwa 2–10 Seiten in meinem »Danke-Buch«[18]. Diese beiden Tätigkeiten zähle ich zu meinen wichtigsten Lebensinhalten. Diese fest in meinen Alltag integrierten Rituale helfen mir, mit einer positiven Einstellung in den Tag zu starten und mir mein Ponyhof-Leben zu erschaffen. Natürlich sind sie auch wertvolle Schlüssel, um mehr und mehr zu erwachen und über den Tag hinweg erwacht zu bleiben. Besonders das Schreiben wertet jeden einzelnen Augenblick in meinem Leben auf.

Um das Leben deiner Träume zu manifestieren, gibt es einen Weg, der garantiert funktioniert: Forscher haben untersucht, was passiert, wenn Menschen an ihre Ziele nur *denken* und was im Unterschied dazu passiert, wenn sie sie aufschreiben. In der Studie[19] unterteilten sie Freiwillige in drei Gruppen. Alle drei Gruppen sollten zu Beginn ihre Wünsche preisgeben. Die Teilnehmer der ersten Gruppe sollten ganz normal ihren Alltag leben und nichts Besonderes tun. Die Teilnehmer der zweiten Gruppe sollten dreimal täglich an ihren Wunsch denken und sich dazu einen Wecker stellen,

---

[18] Siehe auch: Angela Hartfield: Dankbarkeit (55 Karten mit Begleitbuch) – Das Orakel des Herzens. Aquamarin Verlag 2021

[19] Bruce H. Lipton: Intelligente Zellen – Wie Erfahrungen unsere Gene steuern. Koha Verlag 2016

der sie daran erinnerte. Die Teilnehmer der dritten Gruppe wurden angewiesen, ihren Wunsch einmal am Tag handschriftlich zu notieren und dabei so zu tun, als hätte sich ihr Wunsch bereits verwirklicht. Das Ergebnis war sensationell: Im Leben der Teilnehmer der ersten Gruppe veränderte sich gar nichts. Die Wünsche der Teilnehmer der zweiten Gruppe wurden zu 30 % wahr. Die Teilnehmer der dritten Gruppe manifestierten zu 60 % die Erfüllung ihrer Wünsche! Diese Wirkung lässt sich so erklären: Mit dem handschriftlichen Aufschreiben deiner Wünsche absolvierst du gleich mehrere wichtige Schritte zum Erfolg und zum Erwachen:

- Während du aufschreibst, wofür du dankbar bist, denkst und fühlst du positiv.
- Negative Gedanken und Gefühle haben beim Danke-Buch-Schreiben keine Chance.
- Dein Fokus ist beim Schreiben länger als beim Denken auf positive Dinge gerichtet. (Die Energie folgt der Aufmerksamkeit: Je länger deine Aufmerksamkeit bei deinen Wünschen liegt, je mehr Schöpfer-Energie lenkst du dorthin.)
- Nach dem Gesetz der Anziehung ziehst du mit jedem geschriebenen Wort konkret die Schwingungen an, die du aussendest.
- Mit deiner Dankbarkeit multiplizierst du die Dinge, für die du dankbar bist.
- Dein Glaube an deine Schöpferkraft – deinen Zauberstab – wächst, weil du deine Wünsche »Schwarz auf Weiß« notierst und so besser sehen kannst, wenn sie sich erfüllen.
- Deine Fantasie wächst ins Grenzenlose, während du dir die Dinge in der Zukunft vorstellst und im Detail aufschreibst.

Ich beobachtete meinen Mann eine Zeit lang, als er aufhörte, sein Danke-Buch zu schreiben. In dieser Phase passierten ihm kleine Missgeschicke, über die er sich ärgerte. Eines Tages beschwerte er sich zum wiederholten Male darüber, dass er in einer bestimmten beruflichen Angelegenheit nicht so richtig vorankam, weil ihm jemand immer wieder einen Strich durch die Rechnung machte. Vor einem wichtigen Entscheidungstermin ließ er sich vorausahnend darüber aus, dass er wohl garantiert keinen Erfolg haben würde. Auf meinen Blick hin fiel es ihm wieder ein: Seine negative Prognose würde wahr werden! Am nächsten Morgen schrieb er voller Dankbarkeit auf, wie der Termin für ihn im Laufe des Vormittags erfolgreich ausgegangen sein würde – also so, als hätte er bereits stattgefunden. Sehr erleichtert und mit einer positiven Einstellung startete er in den Tag. Auf dem Heimweg rief er mich freudig an und erzählte mir begeistert, dass sich alles genauso realisiert habe, wie er es morgens in sein Danke-Buch geschrieben hatte. Er hatte den gewünschten Umstand, der noch nicht manifestiert war, allein durch das Niederschreiben in sein Danke-Buch erlebt und die Dankbarkeit dafür gefühlt und so in seinem Leben manifestiert.

Dein Danke-Buch

Es ist ganz einfach, mit dem Schreiben deines Danke-Buches zu beginnen: Besorge dir ein schönes Schreibheft oder Notizbuch, das du ab heute als »Danke-Buch«[20] nutzt. Es darf etwas Besonderes sein, denn es enthält etwas ganz Besonderes: dein Leben! Dein Danke-Buch ist das Drehbuch, das du als Regisseur deines Lebens schreibst. Schreibe am besten gleich morgens, bevor du aus dem Haus gehst. Beginne mit 10 Dingen, Personen, Zuständen

---

[20] TIPP: Es gibt unzählige wunderschöne Bücher im Handel zu kaufen, die als Danke-Buch geeignet sind. Wähle ein für dich werthaltiges Buch aus und notiere handschriftlich darin, wofür du dankbar bist.

oder Ereignissen, für die du wirklich dankbar bist und schreibe diese in vollständigen Sätzen in der Gegenwartsform in dein Danke-Buch auf. Schreibe auch dazu, *warum* du dankbar für diese Dinge bist. Fühle bei jedem Satz und bei jedem geschriebenen »Danke« ehrliche Wertschätzung in deinem Herzen. Hier ist ein Beispiel aus meinem Danke-Buch. So ähnlich könnte ein Eintrag in deinem Danke-Buch aussehen:

»Ich bin so dankbar für meinen wundervollen Ehemann, der mich auf Händen trägt, alles mit mir teilt, immer für mich da ist, mit mir lacht, mich über alles liebt und der beste und liebste Mensch auf Erden ist! Danke, Danke, Danke! Ich bin so dankbar, dass er mich genauso liebt, wie ich bin, und mir unsere drei wundervollen Kinder geschenkt hat, die gesund und glücklich sind. Danke, Danke, Danke, dass ich meine Berufung gefunden habe und jeden Tag im Leben erfüllt und glücklich das tun darf, was mir am allermeisten Spaß macht. Ich bin so dankbar, dass ich vor Ideen und Kreativität überschäume und alles erfolgreich umsetze. Danke, Danke, Danke für mein wunderschönes, gemütliches Zuhause, in dem ich mich so wohl fühle und das Wärme und Geborgenheit ausstrahlt. Danke, Danke, Danke, dass ich gesund bin, meine Beine mich tragen, meine Hände greifen, meine Organe und mein Verstand brillant funktionieren. Danke, danke, danke für all die tollen Einfälle, die ich habe und für die Motivation, die mich antreibt, für die Ideen, die aus mir sprudeln und für meine Begeisterung, die mich ankurbelt. Danke, Danke, Danke für mein wunderschönes, erfülltes Leben in Wohlstand und Fülle. Danke, Danke, Danke, dass ich jeden Augenblick mit Liebe voller Hingabe Dinge tue, die mir Freude bereiten. Ich bin so dankbar, dass ich als erwachtes Bewusstsein lebe. Danke für mein Paradies auf Erden!«

Dankbarkeit zu empfinden, selbst wenn deine Wünsche sich jetzt noch nicht erfüllen in deinem Leben, ist ein gutes Training. Genau so erschaffst du dir dein Wunschleben! Es spielt keine Rolle, ob die Umstände, für die du dankbar bist, tatsächlich schon existieren oder nicht. Allein deine gefühlte Dankbarkeit ist maßgeblich dafür, ob du sie in dein Leben ziehst oder nicht. Die neuronalen Vernetzungen in deinem Gehirn können nämlich zwischen vorgestellten, erinnerten und gerade erlebten Gefühlen gar nicht unterscheiden. Du kannst also bspw. eine in der Vergangenheit gefühlte Dankbarkeit einfach mit einem jetzigen Wunschereignis verknüpfen und so dein Gehirn »überlisten«. Du empfindest Dankbarkeit für etwas, das du noch nicht hast. Je öfter du das übst, je leichter gelingt es dir. Auf diese Weise habe ich mir selbst auch am Anfang wundervolle Dinge bewusst erschaffen.

Vielleicht fragst du dich, ob es schadet, wiederholt für die gleichen Lebensumstände, Dinge oder Personen dankbar zu sein. Solange du wirklich dankbar bist, multiplizieren sich aber die Dinge, für die du dankbar bist. Es ist, als ob sich eine Schleuse für alle Ereignisse und Möglichkeiten in deinem Leben öffnet, für die du dankbar sein kannst. Mit dem täglichen Schreiben deines Danke-Buches fallen dir dann mit der Zeit immer mehr Dinge ein, für die du dankbar sein kannst. Es ist wie ein Muskeltraining: Dein Verstand gewöhnt sich daran, auf die Frage, wofür du dankbar bist, *immer mehr* Antworten zu finden. Außerdem solltest du sogar täglich für dieselben Dinge und Personen dankbar sein. Da ja kein Augenblick dem anderen gleicht, empfindest du auch Dankbarkeit jeden Tag anders. Jeder Augenblick ist eine Weltpremiere! Daher feiert auch jede Dankbarkeit Weltpremiere!

Dankbarkeit ist der Schlüssel

Ich verrate dir eine gute Technik, um Dankbarkeitsgefühle zu verstärken: Schreibe in vollständigen Sätzen und benutze viele Adjektive und Adverbien, um deine Wünsche möglichst poetisch und blumig auszuschmücken und dabei so zu tun, als hättest du das Gewünschte bereits erhalten. Inspirierende Hintergrundmusik kann dich zusätzlich motivieren, dein Danke-Buch jeden Tag mit Freude zu füllen. Achte darauf, nur dann in dein Danke-Buch zu schreiben, wenn du auch wirklich dankbar *bist*. Vielleicht gibt es Tage, in denen du es nicht so richtig fühlen kannst. Das ist menschlich, es kommt bei uns allen mal vor und ist nicht schlimm.

_ *Wenn du dranbleibst, wirst du letztlich garantiert erwachen. Alle deine geistigen Helfer stehen bereit, um dich dabei zu unterstützen. Sei dir sicher: Es führt kein Weg am Erwachen vorbei!*

Mit den 21 Wach-auf!-Gaben wirst du deine Emotionen so beeinflussen, dass es dir zukünftig ganz leicht gelingt, die gewünschte hohe Schwingung aufrechtzuerhalten oder wiederherzustellen. Und ganz ehrlich: Wenn du an einem von vielen Tagen etwas niedriger schwingst, macht das gar nichts aus und es steht auch deinem Erwachen nicht im Weg. In der Gesamtschau betrachtet wirst du mit jeder in deinen Alltag integrierten Wach-auf!-Gabe höher schwingen. Auf diese Weise multiplizierst du die Dinge in deinem Leben, für die du dankbar bist. Dankbarkeit ist der Treibstoff für die Verwirklichung deiner Wünsche!

AUSFÜHRUNG

Am Morgen

- Nach dem Aufwachen – noch bevor du aufstehst – mache dir bewusst, dass du als ICH in deinen Tag startest.

- Bedanke dich bei deinem Körper, deinem Verstand und deiner Persönlichkeit dafür, dass sie es dir ermöglichen, Erfahrungen in diesem irdischen Leben zu sammeln. Bedanke dich auch dafür, dass es dir mit Spaß und Leichtigkeit gelingt, die heutige Wach—auf!-Gabe spielend zu meistern.
- Bitte um Hilfe aus der geistigen Welt.

Am Tag
- Schreibe in vollständigen Sätzen handschriftlich in dein Danke-Buch, wofür du dankbar bist und warum. Schmücke die Dinge blumig aus, um intensive Emotionen der Dankbarkeit zu wecken und zu verstärken. Wähle sowohl Umstände, Situationen und Menschen aus, die dich bereits umgeben, aber auch solche, die du dir wünschst. Tue so, als hättest du all das bereits. Beginne jeden Satz mit »Danke, Danke, Danke für ...« oder »Ich bin ja so dankbar für ...«.
- Schreibe 21 Dinge auf, für die du dankbar bist. (Diese Wach-auf!-Gabe ist sehr geeignet für ein dauerhaftes Ritual. Vielleicht probierst du es zuerst einmal täglich in diesem 21-Tage-Programm, dann kannst du entscheiden, ob du es in dein Leben ganz übernehmen möchtest oder nicht.)

Am Abend
- Nimm deinen Wach-auf!-Anker mit ins Bett und bedanke dich dafür, dass es dir mit Spaß und Leichtigkeit gelungen ist, die heutige Wach-auf!-Gabe in deinen Alltag zu integrieren.
- Platziere deinen Wach-auf-Anker dort, wo du ihn morgen früh gleich als Erstes erblickst.
- Lege als das ICH, das du bist, deinen wundervollen Körper zum Schlafen nieder.

6. WACH-AUF!-GABE: MEDITIERE TÄGLICH!

Stille ist der Schlüssel zum Erfolg.

Ich kann mich noch gut an eine ganz bestimmte Frage eines Trainers in einem Seminar erinnern, welches ich vor Jahren besucht habe. Diese Frage hat einen nachhaltigen Eindruck bei mir hinterlassen: *»Wenn du morgens aufwachst, woher weißt du, dass du du bist?«*

Die Frage des Trainers löste eine ungewohnte Pause in meinem Gehirn aus. Dann sagte er: *»Du findest die Antwort in der Stille«* und setzte geheimnisvoll nach: *»In der Meditation.«*

Was ich damals erfuhr, war, dass es mehrere Wege gibt, zu meditieren. Meditieren heißt, in der eigenen Mitte anzukommen. Jeder findet seinen Weg dorthin, bspw. wenn man ein geliebtes Hobby gedankenfrei ausübt. Nichts zu denken und nur wahrzunehmen, ist auch ein Weg, der Meditation heißt. Sich beim Leben und Denken zu beobachten, ist ebenso Meditation. Sich auf den eigenen Atem zu konzentrieren oder bewusst den Moment zu genießen, ist Meditation. **Bewusstsein ist Meditation.** ICH-Sein ist Meditation. Alle 21 Wach-auf!-Gaben sind Meditationen, denn sie schulen dein Bewusstsein.

Ich fasste damals den besten Entschluss, den ich überhaupt hätte fassen können, und er veränderte mein Leben auf wundersame Weise vom ersten Tag der Durchführung an: Seither meditiere ich täglich! Schon am ersten Abend des Seminars, an dem der Trainer uns versprach, unser ICH in der Meditation zu finden, fing ich noch vor dem Schlafengehen im Hotelzimmer an zu meditieren. Es war magisch! Ich fühlte mich damit unglaublich wohl. Ich nutzte dabei eine geführte Audio-Meditation und hörte sie 15 Minuten lang. An den folgenden Abenden wiederholte ich zur jeweils gleichen Uhrzeit dieses Ritual, und es wirkte schon, obwohl ich es noch gar nicht bemerkte ...

Wir standen damals kurz vor dem Sommerurlaub. Diese Phase war für meinen Mann und mich immer sehr anstrengend, da wir in unserer Kanzlei alle Fristsachen erledigen mussten und für die Dauer des Urlaubs und danach tausend Einzelheiten vorzuplanen hatten. Die Wochen vor und nach unserem Urlaub war also meist wesentlich arbeitsreicher als im übrigen Kalenderjahr. Ich organisierte alles von zwei großen Schreibtischen (mit einer Gesamtlänge von 3 Metern!) aus, die stets mit so vielen Akten bedeckt waren, dass ich die Tischplatten gar nicht sah. Als ich anfing zu meditieren, bemerkte ich bald, dass die vollen Schreibtische mich schon immer unbewusst belastet hatten, und ich wünschte ihn mir augenblicklich frei. Ganz bewusst traf ich die Entscheidung, meinen Schreibtisch zum ersten Mal ganz leer zu verlassen, nur mit den beiden Bildschirmen und meiner Tastatur darauf. Das war eine Vorstellung, die es bis zu diesem Zeitpunkt nie gegeben hatte, 17 Jahre lang! Und dann passierte Folgendes: Nicht nur ich, auch meine Sekretärinnen beobachteten in den Folgetagen, wie sich mein Schreibtisch auf magische Weise leerte. Große Leitzordner verschwanden in den Schrank, weil das Gericht eine ablehnende Entscheidung über den Prozesskostenhilfeantrag getroffen hatte und der Mandant für die Kosten des Gerichtsverfahrens nicht aufkommen wollte. Zwei Gerichtstermine, auf die ich mich vorbereiten wollte, wurden aus unterschiedlichsten Gründen aufgehoben und nicht neu terminiert, sodass ich die Akten weglegen ließ. Zwei, drei Akten am Tag bearbeitete ich mit Leichtigkeit und der Rest erledigte sich auf wundersame Art und Weise wie von selbst. Ich war tiefenentspannt, weil ich meditierte. Ich genoss mein Leben aus meiner Mitte heraus und zog damit angenehme Dinge in meinen beruflichen Alltag. Zum ersten Mal erlebte ich, dass ich am letzten Arbeitstag vor meinem Urlaub bereits um 15:00 Uhr meine Füße auf meinen leeren, strahlend weißen Schreibtisch legte und glücklich und stolz vor mich hinmurmelte: »Meditation ist der Schlüssel zum Erfolg!«

Zwischen deinen Gedanken

Es gibt zwei Bewusstseinszustände: das unbewusste Denken (Gedanken und Worte, die du denkst) und die Stille zwischen all den Worten. Letzteres ist dein ICH-Bewusstsein, das sich in den Pausen zwischen den Gedanken befindet. Hier verbirgt sich deine Essenz, dein bewusstes Sein, dein Bewusstsein darüber, wer du wirklich bist.

Es gibt zwei Ursprünge für Wissen: das rationale Gedanken-Wissen (linke Gehirnhälfte) und die intuitiven Einfälle aus dem reinen Bewusstsein (rechte Gehirnhälfte). Du willst erreichen, dass du dich den Großteil des Tages hier aufhältst: im reinen Bewusstsein, in dem Raum zwischen den Gedanken. Hier bist du die Ruhe selbst, du löst elegant herausfordernde Situationen und lachst viel. Hier drückst du deine Einzigartigkeit in jedem Augenblick glückselig aus. Hier findest du immer die richtige Antwort auf jede Frage und lebst in Frieden und Harmonie. Das ist Meditation. Du triffst nur richtige Entscheidungen über den Zugang zu deiner Intuition[21]. Auch deine Begabungen und Talente haben im reinen Bewusstsein ihre Wurzeln. Alles, was dir leichtfällt und was du ganz selbstverständlich machst, ohne groß nachzudenken, kommt aus dem reinen Bewusstsein. Es kommt aus einer tieferen Ebene in dir, aus der Quelle deiner Kreativität – und nicht aus der förmlichen analytischen Gedankenwelt.

---

[21] Siehe dazu: Kurt Tepperwein: Die geheimnisvolle Kraft der Intuition – Nehmen Sie Ihre innere Stimme wahr und verwirklichen Sie Ihre Träume. Mvg Verlag 2017

Die reine Wahrnehmung der Dinge ist das höhere Bewusstsein, reine pure Präsenz. Die Vergangenheit und die Zukunft haben keine andere Form als die Gedankenform.

_ *Wenn du nicht denkst, gibt es auch keine Zukunft und keine Vergangenheit. Wenn du nicht an deine Vergangenheit und deine Zukunft denkst, was bleibt dann übrig?*

Du bist reines Bewusstsein, das ist deine Essenz. Als diese Essenz bist du über deine Gedanken erhaben, du schwingst höher als deine Gedanken. Du beziehst deine Identität nicht mehr aus der Geschichte, die du dir gedanklich erzählst. Du identifizierst dich nicht mehr mit deinen Gedanken. Das ist die Erfahrung auf der Ebene des nicht-konzeptuellen Denkens. Du benutzt deine Gedanken, ohne von deinen Gedanken benutzt zu werden. Um zu deinem ICH zu gelangen, schiebst du den Vorhang deiner Gedanken beiseite. Wenn dein Verstand nicht denkt, bleibt die reine Wahrnehmung, das Sein im Moment. Dein ICH denkt nicht, es nimmt wahr – in der Gedankenstille.

Es gibt viele Arten der Meditation. Finde selbst die geeignete Form für dich. Mir bspw. fiel es am Anfang leicht, geführten Audio-Meditationen[22] zu folgen. Probiere selbst aus, ob die Stille, das Beobachten eines Kerzenlichts, leise meditative Klänge oder eine geführte Meditation das Richtige für dich ist. Ich selbst meditiere inzwischen ohne Hilfsmittel oder Einstiege, ganz in der Stille[23] oder in dem ich einfach in der Wahrnehmung bin. Manche fokussieren

---

[22] Siehe bspw. Sabrina Fox: In der Stille deines Seins – Geführte Meditation für Einheit und inneren Frieden (Audio-CD). AMRA Verlag 2013

[23] Siehe dazu: Eckhart Tolle: Jetzt! – Die Kraft der Gegenwart. Kamphausen Verlag 2010. Shunryu Suzuki: Zen-Geist Anfänger-Geist – Unterweisungen in Zen-Meditation. Theseus Verlag 2016

sich auf ihren Atem[24] oder schauen in die Flamme einer Kerze. Das Ziel aller Meditationsübungen ist es, am Anfang einige Zeit und später andauernd in der Gedankenstille bzw. aus der Beobachter-Position zu leben. Unser wahres Wesen ist das pure reine Sein. Die Natur des Verstandes dagegen besteht im Denken. Beim Erwachen geht es darum, beides voneinander zu unterscheiden und zu erfahren.

AUSFÜHRUNG

Am Morgen

- Nach dem Aufwachen – noch bevor du aufstehst – mache dir bewusst, dass du als ICH in deinen Tag startest.
- Bedanke dich bei deinem Körper, deinem Verstand und deiner Persönlichkeit dafür, dass sie es dir ermöglichen, Erfahrungen in diesem irdischen Leben zu sammeln. Bedanke dich auch dafür, dass es dir mit Spaß und Leichtigkeit gelingt, die heutige Wachauf!-Gabe spielend zu meistern.
- Bitte um Hilfe aus der geistigen Welt.
- Schreibe ausführlich in dein Danke-Buch, wofür du dankbar bist. Bedanke dich dabei gleichermaßen für Lebensumstände, die du schon hast wie für solche, die du gerne haben möchtest. Bedanke dich dafür, dass es dir ganz leichtgefallen ist, die heutige Aufgabe erfolgreich in deinen Alltag zu integrieren.

---

[24] Siehe dazu: Thich Nhat Hanh: Das Wunder des bewussten Atmens. Theseus Verlag 2016

Am Tag

- Finde heute einen passenden Zeitpunkt und einen ruhigen Raum, um losgelöst von allem und in völliger Stille mindestens 15 Minuten lang zu meditieren.
- Sitze dabei möglichst aufrecht, lege deine Hände mit den Handflächen nach oben auf deine Oberschenkel und schließe deine Augen.
- Atme einige Male tief ein und aus.
- Stelle dir nun den Himmel vor und dass die dahinziehenden Wolken deine Gedanken sind, die du mit jedem Ausatmen loslässt. Beobachte sie, wie sie sich weiter und weiter entfernen und auflösen, bis zuletzt nur noch der blaue Himmel über dir zu sehen ist. Stelle dir vor, dass du mit dem Himmel verbunden bist und spüre die Energie, die von ihm ausgeht. Finde die Stille zwischen deinen Gedanken und halte sie fest. Nimm wahr, was um dich herum geschieht, ohne den Dingen eine Bedeutung zu geben.
- Sei heute bewusst 21-mal gedankenstill, wenn auch nur für den Bruchteil einer Sekunde.
  (Wiederhole diese Übung ab heute täglich zur selben Uhrzeit am selben Ort.)

Am Abend

- Nimm deinen Wach-auf!-Anker mit ins Bett und bedanke dich dafür, dass es dir mit Spaß und Leichtigkeit gelungen ist, die heutige Wach-auf!-Gabe in deinen Alltag zu integrieren.
- Platziere deinen Wach-auf-Anker dort, wo du ihn morgen früh gleich als Erstes erblickst.
- Lege als das ICH, das du bist, deinen wundervollen Körper zum Schlafen nieder.

7. WACH-AUF!-GABE: STELLE DIE RICHTIGEN FRAGEN!

Die Qualität deiner Fragen
bestimmt die Qualität deines Lebens.

Du weißt nun bereits, dass du fast immer gewohnheitsmäßig denkst. Auch deine Sprach- und Verhaltensmuster erfolgen zu bis zu 99 % unbewusst und gewohnheitsmäßig. Gedanken, Sprache und Verhalten haben einen wesentlichen Einfluss auf deine Gefühlswelt, die wiederum deine Schwingung bestimmt. Kurz: Deine Gedanken, deine Sprache und dein Verhalten lösen schlechte oder gute Gefühle in dir aus, niedrige oder hohe Schwingungen, die nach dem Gesetz der Anziehung entsprechend niedrig- oder hochschwingende Umstände in dein Leben ziehen.

_ *Du erschaffst mit deinen Emotionen deine Realität.*

Wenn du wirklich gute Gefühle hast, dann ist das an deinem Gesichtsausdruck und deiner Körperhaltung abzulesen: Du lächelst oder strahlst. Leider sieht man das bei den wenigsten Menschen. Stelle dich einmal in die Fußgängerzone deiner Stadt und beobachte die Menschen, die an dir vorbeilaufen. Wie viele dieser Menschen lächeln, blicken dich freundlich an, sehen glücklich und zufrieden aus? Auch wenn es nur eine Momentaufnahme ist, kannst du aus deiner Beobachtung auf ihre Gedankenwelt und auf ihre Emotionen schließen. Du *weißt*, welche Gefühlsschwingung sie haben.

Viele Gewohnheiten, die aus automatisiertem unbewusstem Denken entstehen, erleichtern und verschönern natürlich unser Leben, sie sind einfach nützlich im Alltag, bspw. kennen wir unseren Handy-Pin auswendig oder die Telefonnummer der besten Freundin. Unser Unterbewusstsein nimmt uns also sehr viel Arbeit ab. Doch andere Denk- und Verhaltensmuster stehen unserem Erfolg im Weg, weil sie schlechte Gefühle in uns auslösen. Daher ist es wichtig, unsere Muster von Zeit zu Zeit zu überprüfen und zu fragen, ob sie nützlich oder schädlich sind.

Als erwachtes ICH zu leben heißt, alle mit negativen Emotionen verknüpften Gedanken- und Verhaltensmuster loszulassen, die dich von deinem ICH trennen. Dein ICH ist vollkommen perfekt und weiß genau, was stimmig ist und was nicht. Am einfachsten wäre es, gar nicht mehr zu denken und stattdessen nur noch wahrzunehmen. Dann wärst du deinem ICH ständig ganz nahe. Doch so einfach wirst du deine Gedanken nicht los. Sie rattern ununterbrochen und bilden eine Kopiervorlage für deine Realität. Deswegen macht es Sinn, dich zu fragen, was du im Leben wirklich haben möchtest. Mit welchen Gedanken würdest du deine Kopiervorlage füllen wollen, die deine Zukunft erschafft?

Gedanken lenken

Deine Gedanken lassen sich durch *richtige Fragen* in eine gewünschte positive Richtung lenken. Auf diese Weise übernimmst du die Führung über deine Gedanken. Dein Verstand wird allerdings auf Fragen immer eine eigene (Ego-)Antwort finden wollen. Deshalb ist es wichtig, die wirklich richtigen Fragen zu stellen. Die Qualität deiner Fragen bestimmt die Qualität der Antworten und damit auch die Qualität deines Lebens!

Dein erster Gedanke im ersten wachen Augenblick am Morgen entscheidet darüber, ob dein Tag negativ oder positiv beginnt. Wie verbringst du normalerweise diesen ersten Augenblick am Morgen? Überlegst du, was heute schon wieder alles schieflaufen könnte und wie schlecht du dich fühlst? Oder überlegst du, was dir das erste Lächeln ins Gesicht zaubern wird und wem du etwas Gutes tun kannst?

_ *Mache es zu deiner neuen Gewohnheit, gleich nach dem Auf-wachen Fragen zu stellen, die deine Gedanken in eine positive Richtung lenken.*

Beschäftige deinen Verstand mit Fragen, auf die er eine positive Antwort finden *muss*. So bestimmst du deine Schwingungsfrequenz. Noch einmal: Die Qualität deiner Fragen bestimmt die Qualität deines Lebens. Dieser wundervolle Satz ist einer der meist ausgesprochenen Sätze in meinen Seminaren. Er ist so wichtig für dein Erwachen! Indem du dir immer wieder die richtigen Fragen stellst, verwandelt sich dein Leben auf magische Weise in das Leben deiner Träume. Warum? Ganz einfach: Dein Verstand denkt in gewohnten Bahnen, er hat gelernt, Fehler, Probleme und Gefahren zu suchen und zu finden, denn das ist sein Job. Er hilft dir damit in gewisser Weise, zu überleben. Allerdings hakt er die Wunder, die dich ständig umgeben, als selbstverständlich ab, sobald er sie drei- bis fünfmal registriert hat. Er überhört bspw. freundliche Sätze und Lob, wenn sie mehrfach ausgesprochen worden sind. Er gewöhnt sich eben an alles und alles wird zur Normalität – es sei denn, etwas geschieht »außer der Reihe« – meistens also die Dinge, die nicht stimmen: Probleme! Dein Verstand findet sie immer, garantiert! Probleme schwingen niedrig und machen schlechte Gefühle. Sorge also dafür, dass du deinem Verstand Fragen stellst, auf die er nur hochschwingende Antworten finden kann, bspw.: »Was mache ich richtig gerne?« Mit welchem Problem könnte dein Verstand darauf antworten? Mit keinem!

Denke einmal an eine schöne, duftende, frisch gepflückte, reife Orange und stelle dir vor, wie du sie mit einem Messer in zwei Teile schneidest. Nimm eine der imaginären Fruchthälften in die Hand und presse dir den Saft in den Mund. Stelle dir das bildlich vor, als würdest du es jetzt gerade erleben. Bestimmt hast du bemerkt, wie sofort dein Speichelfluss eingesetzt hat, als die ersten Tropfen in deinen Mund geträufelt sind. Das passiert, weil du die Vorstellung mit einer Erinnerung assoziierst.

Dein wundervoll funktionierendes Gehirn kann aufgrund neuronaler Vernetzungen nicht zwischen erinnerten und gegenwärtigen Emotionen unterscheiden. Die Imagination ruft die gleichen körperlichen Reaktionen und Emotionen hervor wie eine Erfahrung in Echtzeit, weil du eine Erinnerung daran hast, wie herrlich frisch gepresster Orangensaft schmeckt. (Das funktioniert übrigens auch wunderbar mit einer Zitrone!) Durch richtige Fragen kann sich dein Verstand demnach an Situationen erinnern, die jetzt aktuell in dir gute Gefühle generieren.

Nimm dir am besten gleich einen Zettel und notiere darauf 10 Fragen, auf die dein Verstand freudige und lustige Antworten finden muss. Behalte diese Liste solange bei dir, bis du 21-mal darauf geschaut hast. Danach wird dein Gehirn seinen Fokus automatisch auf Situationen richten, die sich gut anfühlen und eine hohe Schwingung erzeugen. Stelle dir gleich schon am Morgen und dann über den ganzen Tag verteilt immer wieder diese Fragen und dein Gehirn wird dir Antworten mit hohen Schwingungen liefern! Das Magische an dieser Übung ist, dass sich mit jeder hochschwingenden Antwort *automatisch* dein Fokus ändert und du plötzlich viel mehr positive, witzige, tolle Ereignisse, Umstände und Personen in deinem Leben entdeckst. Notiere die Antworten gleich hinter den Fragen, und wenn du willst, häng die Liste anschließend an die Wand oder an den Kühlschrank, damit du immer wieder Freude empfindest, wenn du sie liest.

Die magische Liste kann zum Beispiel die folgenden Fragen/Antworten beinhalten:

Wo bin ich am glücklichsten?

.... Zuhause mit meiner Familie

Was zaubert mir ein Lächeln ins Gesicht?

.... Der Gedanke an meinen Mann

Was bringt mich zum Lachen?

.... Der Film »Leg dich nicht mit Zohan an«

Was mache ich richtig gerne?

.... Motorrad fahren

Wie bin ich, wenn ich lustig bin?

.... Albern, kindisch und witzig

Wen könnte ich heute beschenken?

.... Meinen Hund

Was liebe ich am meisten?

.... Mein Leben

Was fühlt sich am schönsten an?

.... Erwacht zu sein und erwacht zu bleiben

Was ist toll an mir?

.... Meine Begeisterung

Was liebe ich am meisten an meinen Kindern?

.... Einfach alles!

Worauf bin ich wirklich stolz?

.... Auf meine Kochkünste

Wie könnte ich meine Kollegen zum Lachen bringen?

.... Mit witzigen Grimassen

Was sind meine tollsten Kindheitserinnerungen?

.... Meine Fastnachtskostüme

Höre dir heute aufmerksam zu, wenn du sprichst und beobachte dich dabei, wenn du etwas tust. Was sagst, denkst und fühlst du? Wenn du bemerkst, dass du keine guten Gefühle hast, dann nimm dir die Fragen-Liste zur Hand und beantworte einige der Fragen. Es lohnt sich!

_ *Gute Gefühle ziehen gute Gefühle an und erschaffen deine Zukunft voller guter Gefühle!*

Damit bist du deinem ICH schon ein großes Stück nähergekommen, denn bisher hast du dich mit deinen unbewussten Gedanken und Aussagen identifiziert und dich von deinem Verstand führen lassen. Du sagst ja auch: »*Ich* führe ein Leben« und nicht »Mein Verstand führt mein Leben«, obwohl es wahrscheinlich bis vor Kurzem noch so war. Sorge mit der richtigen Qualität deiner Fragen an deinen Verstand dafür, die Führung deines Lebens immer mehr selbst zu übernehmen. Halte wie beim Autofahren stets das Steuer in der Hand, bis du am Ziel angekommen bist. Das hast du erst erreicht, wenn du gute Gefühle hast!

AUSFÜHRUNG

Am Morgen

- Nach dem Aufwachen – noch bevor du aufstehst – mache dir bewusst, dass du als ICH in deinen Tag startest.
- Bedanke dich bei deinem Körper, deinem Verstand und deiner Persönlichkeit dafür, dass sie es dir ermöglichen, Erfahrungen in diesem irdischen Leben zu sammeln. Bedanke dich auch dafür, dass es dir mit Spaß und Leichtigkeit gelingt, die heutige Wach-auf!-Gabe spielend zu meistern.
- Bitte um Hilfe aus der geistigen Welt.
- Schreibe ausführlich in dein Danke-Buch, wofür du dankbar bist. Bedanke dich dabei gleichermaßen für Lebensumstände, die du schon hast wie für solche, die du gerne haben möchtest.
- Denke daran, dir im Laufe des Tages Zeit zum Meditieren zu reservieren.

Am Tag

- Stelle dir gleich zu Beginn und auch den ganzen Tag über Fragen, auf die dein Verstand eine positive Antwort finden muss. Fertige eine Liste an, in die du die Fragen und die Antworten einträgst.
- Wiederhole den Vorgang 21-mal.

Am Abend

- Nimm deinen Wach-auf!-Anker mit ins Bett und bedanke dich dafür, dass es dir mit Spaß und Leichtigkeit gelungen ist, die heutige Wach-auf!-Gabe in deinen Alltag zu integrieren.
- Platziere deinen Wach-auf-Anker dort, wo du ihn morgen früh gleich als Erstes erblickst.
- Lege als das ICH, das du bist, deinen wundervollen Körper zum Schlafen nieder.

8. WACH-AUF!-GABE: LASS LOS!

Erwacht sein, heißt, das Unvollkommene loslassen.

Die meisten Menschen wünschen sich mehr Gelassenheit. Ge-lassen-heit hat etwas mit Los-lassen zu tun, doch anstatt Belastendes loszulassen, halten sie ausgerechnet an den Dingen krampfhaft fest, die ihnen am meisten schaden, ohne es zu bemerken. Oft messen sie ihren Selbstwert an ihrem Haus, ihrer Partnerschaft, ihren Freundschaften, ihrem Geld, ihrem Auto, ihren Kleidungstücken, ihren Sorgen und Befürchtungen, ihrem alten Essgeschirr oder dem nie genutzten Familien-Porzellan und vor allem an den Meinungen und Bewertungen anderer Menschen. Sie identifizieren sich außerdem mit der Illusion, ihr Job, ihr Verstand oder ihre aktuelle Rolle zu *SEIN*. Sie reden sich ein, Mutter, Arzt, Lehrer, reich, arm, glücklich oder unglücklich, klug oder dumm, Retter, Unterhalter, Pausenclown, Spießer oder Streber zu *SEIN*. Viele Menschen tragen ihren Beruf oder ihren Status wie ein Schild vor sich her, um damit »ihren Wert« zum Ausdruck zu bringen. Damit schaffen sie aber eine illusionäre Grenze vor der großen Wirklichkeit. Sie sind für ihre magischen und schöpferischen Fähigkeiten blind, als würden sie in einem Traum leben, ohne je aufzuwachen.

Wenn du echte Gelassenheit suchst, geht es aber weniger darum, alles Materielle von dir zu stoßen als mehr darum, dein Lebensgefühl und deine Stimmung nicht von äußeren Umständen abhängig zu machen. Halte nicht an äußerlichen Dingen fest, um die Anerkennung zu erheischen, die du dir auch selbst schenken kannst. Jede Abhängigkeit ist an einen gefühlten Mangel geknüpft, und dieser Mangel im Innern zieht Mangel im Außen an. Schau dich nur einmal um, da wo du jetzt bist, und frage dich, ob alles das, was dich umgibt, zu deiner Glückseligkeit beiträgt?

_ *Wenn es irgendetwas in deinem Leben gibt, das dich nicht wirklich bereichert und dich zu einem besseren und glücklicheren Menschen macht, dann gehört es auch nicht in dein Leben!*

Das gilt auch für Sorgen, Ängste und Befürchtungen und vielleicht auch für Personen, die dich kleinhalten oder nicht fördern. All das belastet dich energetisch und hindert dich daran, deine wahre Macht und Größe zu entfalten. All das hält dich in einer unwirklichen Illusion gefangen. Freiheit gehört zu den höchsten Werten in deinem Leben, und diese Freiheit erlangst du am leichtesten, indem du dich von allem befreist, was dich in Abhängigkeit hält.

Lassen, nicht tun!

»Du kannst nicht das nächste Kapitel deines Lebens beginnen, wenn du ständig den letzten Abschnitt wiederholst.« Dieser wertvolle Satz von Michael McMillan kann dir beim Loslassen helfen. Loslassen[25] bedeutet nicht, etwas zu »tun«, sondern dich von etwas zu lösen. Lassen ist das Gegenteil von festhalten. Es bedeutet, den Widerstand aufzugeben und vertrauensvoll Dinge im Fluss zu halten. Alles um dich herum kannst du dankbar und wertschätzend als vorübergehende Bereicherung annehmen, ohne dich krampfhaft daran zu fesseln.

Viele Menschen kommen erst an diesen Punkt, wenn ihnen Schicksalsschläge widerfahren oder ihr Körper ihnen die Botschaft »Krankheit« sendet, weil sich ihre Seele in der Illusion verirrt hat, ein unzulänglicher unfreier Mensch zu sein. Erst wenn ihnen bewusst wird, dass ihre Lebensdauer begrenzt ist, fangen sie an, die Wunder zu erkennen, die sie schon immer umgeben haben, und

---

[25] Siehe dazu: Dan Millman: Der Pfad des friedvollen Kriegers – Das Buch, das Leben verändert. Heyne Verlag 2013

diese endlich auch zu fühlen. Sie finden wieder zu sich selbst, zu ihrem ICH.

_ *Loslassen heißt, immer genug Zeit für deine Seele zu haben, nicht erst dann, wenn dein Körper dir eine Krankheits-Botschaft schickt, um dich daran zu erinnern, dass in dir eine Seele weint. Erwachen muss nicht wehtun!*

Eine Seminar-Teilnehmerin kam vor einigen Jahren mit ihrem Anliegen zu mir und bat mich um Rat. Sie hatte seit zwei Jahren keinerlei Kontakt mehr zu ihrer Tochter, die nach der Trennung beim Vater lebte. Ihrer Ansicht nach hatte sie alle Anstrengungen unternommen, doch ohne Erfolg. Sie litt sehr und das war ihr deutlich anzusehen. Ich empfahl ihr, nicht länger zwanghaft um den Kontakt zu kämpfen, anderenfalls würde sich dieser Zustand eher noch verhärten. »Tu einfach nichts mehr, sondern lasse deine Tochter los!«, sagte ich mitfühlend. »Schicke all deine Liebe direkt in ihr Herz, ohne nachzudenken.«

Liebe ist die höchste Schwingung und die mächtigste Energie, die wir überhaupt verschenken können, und wenn wir unser Bewusstsein darauf richten, jemandem Liebe zu schicken, wird sich diese höchste Schwingung augenblicklich heilend auf diese Person auswirken. Sie wird sofort darauf reagieren. Das erfordert allerdings, dass wir unsere Angst und die Sorgen loslassen und stattdessen die Liebe nähren. Dabei hilft es, sich wieder all den vielen Wundern, die uns umgeben, zuzuwenden. Wenn wir unsere Einstellung ändern, ändert sich alles und jeder in unserem Leben mit.

Die Leidensgeschichte der Teilnehmerin fand bald ein gutes Ende, als sie meinem Rat folgte, ihre Angst loszulassen. Sie schickte ihrer Tochter täglich Liebe, ohne sich bei ihr zu melden. Sie lenkte ihre ganze Aufmerksamkeit weg von ihrer Tochter und hin zu den Dingen, die sie in letzter Zeit vernachlässigt hatte. Noch in der ersten Woche meldete sich ihre Tochter. Ein Jahr später zog sie sogar wieder zu ihr und die beiden hatten das beste Verhältnis, das sie sich wünschen konnten.

Dein Leben ist dein Spiegel

Konzentrierst du deine Gedanken auf bestimmte Situationen, Lebensumstände oder Menschen, die eine negative Wirkung auf deine Gefühle haben und Emotionen wie Hass, Trauer, Ärger oder Wut in dir hervorrufen, ziehst du genau diese Situationen und Menschen in dein Leben.

_ *Das Leben spiegelt[26] dir stets Situationen, Umstände und Menschen, die deiner Aufmerksamkeit entsprechen.*

Loslassen heißt deshalb, nicht länger an zerstörerischen und destruktiven Gedanken festzuhalten. Lass alles los, was dich bisher negativ beschäftigt hat. Es ist eine Entscheidung, die du im Innern triffst, etwa so: »Ich habe mich gestern zum allerletzten Mal über diese Person geärgert. Der Ärger hat mich nur noch mehr belastet, deswegen lasse ich den Ärger jetzt für immer los!« Es passiert in einer Sekunde! Denke nicht darüber nach, es *irgendwann* loszulassen, sondern *jetzt* gleich. Und dann richtest du deine Aufmerksamkeit auf etwas, das gute Gefühle in dir auslöst. (Dabei hilft dir die 7. Wach-auf!-Gabe.)

Lass alles los, was unvollkommen ist. Wenn du spürst, dass du kurz davor bist, dich zu ärgern oder dir Sorgen zu machen, dann *entscheide* dich bewusst dafür, diese Gefühle sofort loszulassen. Nutze die Freiheit deiner Wahl, erinnere dich an deine Flügel! Unvollkommen ist alles, was sich nicht wirklich gut oder angenehm anfühlt. Dies können sowohl immaterielle als auch materielle Dinge sein.

---

[26] Siehe dazu: Doreen Virtue: Wie oben, so unten – Die Sieben Gesetze des Lebens. Koha Verlag 2007

Immaterielle Dinge sind bspw.:

- Der Drang, andere Menschen zu retten, also die Verantwortung für sie zu übernehmen
- Angst vor dem Versagen
- Furcht vor Liebesentzug
- Die Absicht, andere Menschen zu ändern
- Zwanghaftes Festhalten an Menschen, Umständen und materiellen Dingen
- Der Glaubenssatz, etwas nicht zu können oder zu dürfen, nicht gut genug zu sein oder etwas nicht verdient zu haben

Lasse vor allem bewusst alle unvollkommenen Emotionen und Gedanken los, die deine Zukunft betreffen, bspw.: leidvolle Zustände, ärgerliche Situationen, Existenzängste, Stress, Druck, Unruhe, Langeweile, einschränkende Glaubensmuster, schädliche Überzeugungen, aber auch Mangelempfindungen, Unzufriedenheit, Bequemlichkeit, Eitelkeit, Kontrolle und ähnliche negative Gefühle. Jedes negative Gefühl erfüllt sich in deiner Realität, während du es empfindest. Ersetzte es sofort durch gute Gefühle. Deine neu gewonnene Lebensqualität wird dich dauerhaft daran erinnern, wie unnötig es war, dich zu ärgern oder dir Sorgen zu machen.

Zu den immateriellen Dingen gehören auch Beziehungen – ein besonders sensibler Bereich: Wie sieht deine Partnerschaft aus, wie sehr inspiriert sie dich? Wie sehr fördern und unterstützen dich deine Freundschaften? Ist dein Leben viel besser mit als ohne die Menschen, mit denen du gerade oder auch schon lange in Beziehung stehst? Falls nicht: Hast du alles gegeben, um sie zu verbessern? Oder ist es Zeit, diese Menschen in Liebe loszulassen?

Frei von Ballast

Sich von materiellen Dingen zu befreien, könnte sich zum Beispiel so darstellen:

- Sieh dich in deinem Schlafzimmer um. Was ist überflüssig? Herrscht Harmonie und Ordnung oder befindet sich dein Bett mitten in einem chaotischen Abstellraum? Wenn nötig, miste gründlich aus und schaffe dir eine gemütliche Wohlfühloase.
- Begutachte deinen Kleiderschrank. Ist er aufgeräumt und entrümpelt? Welche Kleidung trägst du seit zwei Jahren oder länger nicht mehr? Besondere Kleidung darf bleiben (für bestimmte Anlässe), alles andere darfst du in Liebe verschenken.
- Prüfe in ähnlicher Weise dein Bad und deine Küche: Welche Utensilien benutzt du wirklich? Brauchst du wirklich alles, was sich hier im Laufe der Jahre angesammelt hat? Auch die »Andenken« an deine Studentenzeit oder an dein Elternhaus? Hand aufs Herz: Belasten dich die alten Gegenstände oder bereichern sie dein Leben wirklich? Reduziere und genieße den freien Platz, der dadurch entsteht.
- Begutachte deine Pflanzen. Befreie sie von alten Blättern und Unrat, säubere die Erde und gib ihnen frisches Wasser. Segne sie und behandele sie als das, was sie sind: Lebewesen mit Bewusstsein.
- Räume deinen Arbeitsplatz auf und befreie ihn von allem, was unnötig ist. Das kann dazu führen, dass deine Schreibtisch-Schubladen und dein Schreibtisch plötzlich leer sind. Fantastisch! Was für ein befreiendes Gefühl!
- Wie sieht dein Auto aus? Ist es eine Krümelhalde oder sieht man, dass du es liebst? Wenn du es noch nicht liebst und ein neues Auto haben willst, wird es Zeit, es lieben zu lernen und es wertzuschätzen. Räume dein Auto gleich aus und putze es innen und außen auf Hochglanz und halte es zukünftig sauber.

- Wann hast du das letzte Mal deinen Keller ausgemistet? Bestelle einen Container und lass alles in Liebe los, was du nicht mehr benutzt. Die meisten Sachen im Keller füllen nur leere Räume und sind Ballast in deinem Kopf. Das wirst du womöglich erst feststellen, sobald dein Keller aufgeräumt ist.

Segne all diese Dinge, bedanke dich bei ihnen und dann verschenke sie oder wirf sie weg. Lasse sie in Liebe los! Wenn es dir hilft, dann schreibe alle unvollkommenen Vorstellungen und Emotionen und Situationen und Menschen, die du loslassen möchtest, auf einen Zettel und verbrenne den Zettel symbolisch an einem für dich besonderen Ort. Sobald du die aufgelisteten Dinge losgelassen hast, wirst du eine nie dagewesene Freiheit verspüren, die sich grandios anfühlt.

AUSFÜHRUNG

Am Morgen
- Nach dem Aufwachen – noch bevor du aufstehst – mache dir bewusst, dass du als ICH in deinen Tag startest.
- Bedanke dich bei deinem Körper, deinem Verstand und deiner Persönlichkeit dafür, dass sie es dir ermöglichen, Erfahrungen in diesem irdischen Leben zu sammeln. Bedanke dich auch dafür, dass es dir mit Spaß und Leichtigkeit gelingt, die heutige Wachauf!-Gabe spielend zu meistern.
- Bitte um Hilfe aus der geistigen Welt.
- Schreibe ausführlich in dein Danke-Buch, wofür du dankbar bist. Bedanke dich dabei gleichermaßen für Lebensumstände, die du schon hast wie für solche, die du gerne haben möchtest.
- Denke daran, dir im Laufe des Tages Zeit zum Meditieren zu reservieren.

Am Tag

- Mach dir bewusst, was dich bis gestern noch belastet hat. Lass heute alle diese Situationen, Menschen, Gegenstände und Emotionen in Liebe los. Entscheide jetzt, dich NIE wieder zu ärgern, und wenn der Himmel über dir zusammenbricht. Genieße deine neu gewonnene Freiheit!
- Mach es dir zur Gewohnheit, alles im Fluss zu halten und nichts mehr festzuhalten oder zu horten.
- Nimm dir heute ein Zimmer, einen Schrank oder einen Bereich in deinem Zuhause vor und miste gründlich aus, sodass nur noch übrigbleibt, was dir nützt oder dich wirklich bereichert und erfreut.
- Lass alles andere in Liebe los, indem du es sofort verschenkst oder entsorgst.
- Fahre damit fort, täglich mindestens 21-mal etwas loszulassen, was unvollkommen ist.

Am Abend

- Nimm deinen Wach-auf!-Anker mit ins Bett und bedanke dich dafür, dass es dir mit Spaß und Leichtigkeit gelungen ist, die heutige Wach-auf!-Gabe in deinen Alltag zu integrieren.
- Platziere deinen Wach-auf-Anker dort, wo du ihn morgen früh gleich als Erstes erblickst.
- Lege als das ICH, das du bist, deinen wundervollen Körper zum Schlafen nieder.

9. WACH-AUF!-GABE: VERVOLLKOMMNE DEIN LEBEN!

Dein ICH ist bereits vollkommen.

Dein ICH ist ewige und allumfassende Liebe – allpräsent und unzerstörbar begleitet es dich ständig als der großartigste und perfekteste Lebensführer, den du dir wünschen könntest. Wenn du als ICH lebst und dir deiner selbst bewusst bist, dann verursachst du in deinem Leben automatisch Fülle und Liebe, Glückseligkeit und Wohlstand, Erfolg und Harmonie. Dir bietet sich jetzt eine wundervolle Möglichkeit, hinter den Vorhang zu blicken und zu erkennen, wer du *wirklich* bist.

Du bist aufgefordert, dein Leben zu reflektieren und zu erkennen, dass du nicht die Illusion bist, die du deine Realität nennst. Die erhöhte Erdschwingung (5. Dimension) betrifft dich wie alle Lebewesen auf der Erde und jeder reagiert in seiner ganz eigenen Weise darauf. Ergreife die einzigartige Chance, dich als vollkommener Schöpfer, vollkommene Schöpferin deiner Realität zu erfahren und das Paradies auf Erden zu erleben! Vielleicht spürst du wie viele andere Menschen auch, dass diese gegenwärtige Zeit eine wundervolle Einladung ist, dich an dein ICH zu erinnern. Vielleicht spürst du auch, dass dich etwas ruft, kreativ zu werden, deine einzigartigen Fähigkeiten einzusetzen und etwas Neues zu erschaffen, das dich wirklich erfüllt. Dein ICH ruft dich und will sich in seiner Vollkommenheit in dir erfahren!

Dein Herz weiß, was dir dienlich ist und was nicht, es gibt dir ununterbrochen Rückmeldung durch deine Gefühle, deinen perfekten Kompass. Wenn du in diesem Augenblick alles loslässt – Gedanken an Mangel, Ängste, Sorgen, Zweifel, Unglück, Druck und Stress – und wie Zwiebelschalen Schicht für Schicht ablegst, erfährst du die reine Essenz, die du bist: dein ICH. Das Leben als ICH übertrifft alle deine Vorstellungen von Geborgenheit, Glückseligkeit, Liebe, Wärme, Sicherheit, Erfüllung, Fülle und Wohlstand. Es ist pure Vollkommenheit. Du musst nichts dafür *tun*, sondern es einfach nur *sein*. Dein ICH lässt dich Vollkommenheit *erfahren*. Es lohnt sich, jeden Augenblick deines Lebens darauf hinzuwirken, als dieses ICH zu leben, denn die Gewissheit, ICH zu sein, birgt das schönste Gefühl von »Zuhause«, das du dir vorstellen kannst – rund um die Uhr.

Einfach ICH sein

Die meisten Menschen versuchen mit Gewalt, alles mit ihrem Kopf zu lösen. Das ist verschwendete Energie, denn dein ICH bekommt alles perfekt hin, ohne Anstrengung. Timothy Gallwey legt in seinem Buch »The Inner Game of Tennis«[27] anschaulich die Art dar, wie Menschen ihre Fähigkeiten einschränken und schlechte Ergebnisse erzielen. Nach seinen Ausführungen gibt es einen natürlichen Lernprozess, der sich auf alle praktischen Tätigkeiten anwenden lässt. Er gleicht dem Prozess, den wir alle durchlaufen, wenn wir das Gehen und Sprechen lernen. Leider vergessen wir diesen Prozess wieder, weil wir in der Schule »kopflastig« lernen, also nur über das Denken, aber nicht über Erfahrungen.

Im Grunde besteht das natürliche, geniale und einfache Lernen darin, dass du eine bildliche Vorstellung von deinem Ziel entwickelst. Wenn du dir dieses Bild mehrfach innerlich vor Augen führst und es dann zum Beispiel bei sportlichen Aktivitäten in der Bewegung einfach nachvollziehst, bist du auf dem richtigen Weg. So ist es bei allen Zielen. Bilder verwirklichen sich, indem dein

---

[27] Timothy Gallwey: The Inner Game of Tennis – The Ultimate Guide to the Mental Side of Peak Performance. 2015

Unterbewusstsein das Bestreben hat, alle Bilder, die der Verstand ihm sendet, zu realisieren. Auf diese Weise hast du das Tanzen in der Diskothek gelernt. Es gab ja niemanden, der am Rand der Tanzfläche stand und dir erklärt hat, was du zu tun hast. Du hast einfach die anderen Leute beobachtet, wie sie sich im Rhythmus der Musik bewegt haben. Und dann hast du dein Glück versucht und es nachgemacht. Du wurdest mit jedem Mal besser darin. Während des Tanzens hast du weder über die einzelnen Abfolgen deiner Körperbewegungen nachgedacht noch über das Tanzen selbst. Du hast es einfach getan und hattest Spaß. Du hast deinen Verstand ausgeschaltet und es einfach gemacht. So lernt der Mensch am schnellsten.

Das verbindende Element liegt nach Gallwey darin, dass ein Teil des bewussten Denkens nicht aktiv ist. Sportler bringen seiner Ansicht nach ihre optimale Leistung niemals dann, wenn sie ganz bewusst daran denken. Sobald ein Sportler versucht, das, was ihm nach seinem eigenen Bericht gut gelungen ist, *bewusst* zu wiederholen, verliert er sein Timing und seinen Bewegungsfluss. Es geht also darum, zu lernen, alles ganz unbewusst und wie im Rausch zu tun, eins mit dem Körper zu werden und die automatischen Funktionen arbeiten zu lassen, ohne dass ihnen Gedanken in die Quere kommen. Wenn du in dieser Verfassung bist, gibt es nur wenig, was dich daran hindern könnte, dein ganzes Potenzial auszuschöpfen. Sobald du anfängst, mit dir selbst zu sprechen, verlierst du diese Fähigkeit.

Der Verstand wertet, urteilt und vergleicht. Deine Aufgabe ist es, zu beobachten, ohne zu beurteilen. Dabei darfst du dir das gewünschte Ergebnis vorstellen und darauf vertrauen, dass dein ICH eine vollkommene Leistung erbringen wird. Das erfordert wieder, du ahnst es schon, dein SEIN im Moment. Ich nenne diesen Modus »streamen«.

Wenn ich Seminare gebe, dann »streame« ich. Ich beobachte mich dabei, was ich alles sage und bewundere mich für die klugen Ratschläge, die ich geben kann. Sie kommen nicht aus meinem Verstand. Wenn meine Kinder oder Seminar-Teilnehmer zu mir sagen: »Du bist so weise!«, dann sage ich: »Das ist mein ICH!«

_ *Dein ICH ist angebunden an die Quelle und sprudelt, solange dein Verstand nicht denkt.*

Das Wirken aus dem Verstand ist das Gegenteil des Zustands der Leichtigkeit. Wenn du im Zustand der Leichtigkeit bist, dann gelingt dir alles viel besser, weil du im Fluss bist! Du machst alles gut, weil der Zustand des Fließens genau diesen Fluss fortlaufend anzieht. Du kommst voran. Du setzt eine Ursache und die Wirkung muss sich in deiner Realität zeigen. Kinder lernen laufen, indem sie die Erwachsenen beim Laufen beobachten. Sie denken weder darüber nach, was schief gehen könnte noch wie sie es besonders perfekt machen könnten. Sie tun es einfach! Sie haben keine Zeit, darüber nachzudenken. Sie haben nur ihr Ziel im Sinn, und dieses Ziel begeistert sie so sehr, dass sie es unbedingt erreichen wollen. Sie sehen sich schon selber laufen und können es kaum erwarten!

So kannst du auch alles auf einfachste Art und Weise lernen: Du beobachtest einfach Menschen bei der Ausführung von Dingen, die du auch können willst. Dann machst du es ihnen nach, probierst es einfach aus. Vorausgesetzt, es begeistert dich wirklich, diese eine Sache zu können, gelingt dir alles aus dem Herzen, weil du sie nicht mit dem Verstand analysierst. Marc Twain hat einmal gesagt, wenn Kinder so sprechen und laufen lernen würden, wie sie lesen und schreiben lernen, dann würde jedes Kind stottern und hinken. Nicht nur Kinder, auch alle Erwachsenen lernen eben am leichtesten durch Beobachtung. Doch obwohl dies die einzig richtige Lernmethode ist, wollen Erwachsene alles mit ihrem Verstand lösen, weil ihnen in der Schule beigebracht wurde, alles mit ihrer linken analytischen Gehirnhälfte zu stemmen. Genialität kommt allerdings aus der rechten Hemisphäre.[28]

Alles vollkommen tun

Eine einfache Möglichkeit, unvollkommene Zustände und Gedanken durch vollkommene zu ersetzen, besteht darin, einfach alles ganz vollkommen zu tun.

_ *Wenn du es schaffst, in möglichst vielen Momenten Vollkommenheit zu praktizieren, ziehst du automatisch mehr Vollkommenheit in dein Leben.*

Mach den heutigen Tag zu einem vollkommenen Tag, indem du *alles* so vollkommen tust, wie du nur kannst. Wenn du dich entschließt, alles vollkommen zu tun, dann fokussierst du dich auf das, was du gerade tust. Das ist die beste Achtsamkeitsübung! Du *bist* im Moment, *bist* bewusst. So schaltest du deinen Autopiloten aus und die Aktionen, die dein unbewusster Verstand oft hektisch und schludrig ausführt, weil du bspw. in Eile bist, gelingen dir plötzlich mit Hingabe und ganz vollkommen. Unter Zeitdruck machst du nichts mit Hingabe, nutze deshalb jeden einzelnen Augenblick, um Hingabe zu praktizieren. Achte konzentriert darauf, was du gerade tust. Beobachte dich dabei und vervollkommne jeden Handgriff. So nimmst du alles, was du tust, ganz *bewusst* wahr. Beobachte dich, beobachte deine Hände, deinen Körper, deine Gedanken – einfach alles. In diesem Zustand lebst du als dein ICH. Vertraue darauf, dass dein ICH alles vollkommen ausführt und lass es geschehen. Hier gebe ich dir einige Beispiele:

---

[28] Viele zeitgenössische Lehrer und Trainerinnen, Coaches und Therapeutinnen beziehen sich aktuell vermehrt auf diese erstaunliche Erkenntnis in der Potenzialentfaltung und in der Persönlichkeitsentwicklung.

- Putze deine Zähne ganz bewusst, einen nach dem anderen. Bedanke dich für jeden einzelnen Zahn und führe die Zahnreinigung so bewusst und vollkommen wie möglich aus. Genau so kannst du auch ganz bewusst duschen oder die Nägel schneiden. Bedanke dich bei deinem Körper dafür, dass er ein Wunderwerk ist.
- Nimm beim Kochen und Essen der Mahlzeiten jedes Werkzeug und jedes Lebensmittel bewusst wahr. Wenn du eine Zwiebel schneidest, dann tu dies so aufmerksam und vollkommen wie möglich. Wenn du dein Brot isst, beobachte jede Kaubewegung und schlucke jeden einzelnen Bissen möglichst vollkommen herunter. Stelle dir dabei vor, dass du gerade belebende und energiereiche Nahrung zu dir nimmst.
- Führe bei der Arbeit jeden einzelnen Handgriff ganz vollkommen aus. Du kannst nur eine Sache auf einmal vollkommen tun. Wende deine ganze Aufmerksamkeit und Liebe einer Sache zu und beobachte dich dabei, wie du sie in Ruhe und auf vollkommene Art erledigst. Wenn du mit etwas nicht weiterkommst, dann lege es nicht zur Seite, sondern erkundige dich, recherchiere und bringe es zu Ende, anderenfalls fange gar nicht erst damit an. Wenn du dir etwas vorgenommen hast, dann ziehe es durch!
- Wenn du heute mit einer Person sprichst, dann wende dich ihr zu und schenke ihr deine ganze Aufmerksamkeit und Präsenz. Interessiere dich für sie und sei geduldig. Höre zu und frage nach. Zeige ihr, dass sie wertvoll ist und dass du es wertschätzt, dass sie Vertrauen zu dir hat. Mache es dir zum Ziel, die Person zum Lächeln zu bringen und vollkommen und sympathisch zu kommunizieren.
- Wenn du deinen Körper bewegst, dann bewege ihn vollkommen. Laufe, sitze oder liege vollkommen. Fahre vollkommen Auto, Fahrrad, Roller, Motorrad oder auch mit der U-Bahn. Achte auf deine Körperhaltung und deinen Gesichtsausdruck. Tue heute alles vollkommen!

AUSFÜHRUNG

Am Morgen

- Nach dem Aufwachen – noch bevor du aufstehst – mache dir bewusst, dass du als ICH in deinen Tag startest.
- Bedanke dich bei deinem Körper, deinem Verstand und deiner Persönlichkeit dafür, dass sie es dir ermöglichen, Erfahrungen in diesem irdischen Leben zu sammeln. Bedanke dich auch dafür, dass es dir mit Spaß und Leichtigkeit gelingt, die heutige Wach-auf!-Gabe spielend zu meistern.
- Bitte um Hilfe aus der geistigen Welt.
- Schreibe ausführlich in dein Danke-Buch, wofür du dankbar bist. Bedanke dich dabei gleichermaßen für Lebensumstände, die du schon hast wie für solche, die du gerne haben möchtest.
- Denke daran, dir im Laufe des Tages Zeit zum Meditieren zu reservieren.

Am Tag

- Führe heute möglichst jeden, mindestens jedoch 21 Handgriffe und Handlungen bewusst und vollkommen aus – mit vollkommener Hingabe. Sei in jeder deiner Bewegungen vollkommen. Kommuniziere vollkommen. Lebe vollkommen.

Am Abend

- Nimm deinen Wach-auf!-Anker mit ins Bett und bedanke dich dafür, dass es dir mit Spaß und Leichtigkeit gelungen ist, die heutige Wach-auf!-Gabe in deinen Alltag zu integrieren.
- Platziere deinen Wach-auf-Anker dort, wo du ihn morgen früh gleich als Erstes erblickst.
- Lege als das ICH, das du bist, deinen wundervollen Körper zum Schlafen nieder.

10. WACH-AUF!-GABE: STRAHLE UND LÄCHLE!

Was du aussendest, bekommst du auch zurück.

Diese Wach-auf!-Gabe gehört zu meinen Lieblings-Alltagsroutinen, weil sie einfach eine verzaubernde Wirkung hat und weil ihre Wirkung wie auf ein Fingerschnippen unmittelbar einsetzt. Ja, die Wirkung ist sogar immens! Obwohl kein großes Geheimnis dahintersteckt, ist es eine Wundermaschine, die kaum jemand benutzt: Lächeln und Strahlen!

_ Ein Lächeln sorgt für Wunder, aber ein Strahlen vervielfacht diese Wunder._

Im Allgemeinen sieht man Menschen draußen auf der Straße selten mit strahlenden Gesichtern, wenn man Glück hat, erwischt man jemanden, der den Mini-Hauch eines Lächelns auf den Lippen trägt. Kommunikation besteht zu 55 % aus Körpersprache, deshalb sind gerade Mimik und Gesten wertvolle Schlüssel zum Gelingen von zwischenmenschlichen Beziehungen. Probiere es gleich einmal aus: Deine Einstellung kann noch so negativ sein, wenn du lächelst oder strahlst und zusätzlich noch deinen Körper aufrichtest, deine Schultern zurücknimmst, deine Brust rausstreckst, dann kannst du am Ende nur positive Gefühle empfinden, richtig? Deine Körpersprache bewirkt, dass negative Gefühle augenblicklich in positive umgewandelt werden. Umgekehrt führt eine Haltung mit hängendem Kopf und Schultern und heruntergezogenen Mundwinkeln dazu, jedes aufkommende positive Gefühl sofort im Keim zu ersticken. Es ist demnach offensichtlich, dass sich all die Menschen solch eine gebeugte resignierte Haltung angewöhnt haben, was dann unweigerlich zu einem dauerhaften Unzufriedenheitsgefühl führt.

Deine Körpersprache ist sehr machtvoll und beeinflusst wesentlich deinen Gemützstand! Es ist im Grunde total einfach, deine miese Laune von jetzt auf gleich mit einem Lächeln ins Euphorische anzuheben. Dein Gesicht tut dabei den ersten Schritt, ganz einfach. Interessanterweise fällt genau das aber vielen Menschen gar nicht so leicht, sie schaffen es fast nie, einfach so zu strahlen. Wann hast du das letzte Mal gelächelt? Vielleicht kannst du dich noch daran erinnern. Aber, gestrahlt ...?

Ich selbst strahle für mein Leben gerne! Als ich diese Wundermaschine in mir entdeckte, wollte ich sie nie wieder ausschalten. Ich machte die Erfahrung, dass es fast keinen Menschen gibt, der nicht augenblicklich zurückstrahlt oder zumindest lächelt, wenn ich ihn anstrahle. Es war anfangs noch reine Übungssache, aber irgendwann schaltete mein Gesicht automatisch das Leuchten ein und meine Gefühle mussten nachziehen. (Stell dir das bitte einmal in Zahlen vor: Gesicht gewinnt gegen Gedankeninhalt – 55 % siegen über 7 %!) Die Managementtrainerin Vera Birkenbihl erklärt das in einem ihrer Videos damit, dass unsere Gesichtsmuskeln beim Lächeln auf bestimmte Nervenenden drücken, die dem Gehirn Freude signalisieren, worauf Glückshormone ausgeschüttet werden, die entsprechende Emotionen auslösen. Eine biochemische Kettenreaktion.

»Jeder Tag, an dem du nicht lächelst, ist ein verlorener Tag!«, hat Charlie Chaplin gesagt und ich finde, er hat absolut recht. Ich empfehle dir deshalb, gleich heute damit anzufangen. Zu Beginn übst du das Lächeln und Strahlen am besten direkt vor dem Spiegel, um das Ergebnis überprüfen zu können. Am leichtesten fällt es dir, wenn du an etwas denkst, das du liebst und das dich glücklich macht oder dich zum Lachen bringt. Lenke deine Aufmerksamkeit in dein Herz und strahle von dort deine Liebe aus. Sobald du das ein paar Male geübt hast und sicher unterscheiden kannst, ob du wirklich strahlst oder ob du nur funzelst, kannst du das Leuchten auf deinem Gesicht an andere Menschen verschenken. Wenn du es 21-mal in der Folge ununterbrochen übst, greift die Macht der Konditionierung und verändert deinen Gesichtsausdruck dauerhaft.

Der Gott in jedem

In der Bibel heißt es, »Ihr allesamt seid schlafende Götter«[29] und »Stelle dein Licht nicht unter den Scheffel«.[30] Wollen wir wirklich unsere Göttlichkeit verschlafen und auf unsere schöpferische Macht verzichten? Wenn Gott in uns allen steckt, in dir und in mir, dann ist Gott sozusagen in uns wie in jedem Menschen zuhause. Wir alle stammen aus derselben göttlichen Quelle und sind ein Tropfen des göttlichen Ozeans, eine Einheit, auch wenn wir hier auf der Erde das Stück »Trennung« spielen.

Bevor ich einem Menschen die Freundlichkeit eines Lächelns schenke, grüße ich innerlich den Gott in ihm. Dieser respektvolle und zugleich brüderlich-schwesterliche Gruß verändert meine Schwingung sofort und mein Körper quittiert es meistens mit Gänsehaut. Er spricht mit mir und bekräftigt mich bei dem, was ich tue. Und von dem anderen Menschen her erreicht mich genauso sein eigenes strahlendes Echo. Manchmal grüße ich mit »Grüß Gott!« und meine: »Ich grüße den Gott in dir!« Dabei achte ich nicht darauf, ob dieser Mensch mich zurückgrüßt oder gerade in Gedanken »verloren« ist und den Gruß möglicherweise gar nicht bemerkt hat. Das kommt aber wirklich selten vor, eher spricht mich jemand spontan an und meint, mich zu kennen. Das ist amüsant, weil es nur daran liegt, dass mein Strahlen ihn an sein ICH (zurück-)erinnert.

---

29 Psalm 82,6
30 Matthäus 5, 14–16

_ *Wir sind alle eins und alles ist mit allem verbunden. Alles strahlt.*
Alles lächelt. Gott lächelt in dir wie in mir.

In unseren Gedanken verloren zu sein, kennen wir alle. Mit deinem Strahlen erinnerst du andere wieder an ihr ICH und sie können den Vorhang der Gedanken beiseiteschieben, der ihr ICH verdeckt hat. Frage dich in solch einem Moment einfach, wie oft du schon selbst dein ICH hinter deinen Gedanken aus den Augen verloren hast und vielleicht auch nicht die Freundlichkeit anderer Menschen bemerkt hast? Deshalb ist es egal, ob jemand deine Zuwendung erwidert, sie kommt auf jeden Fall zurück, ob nun von dieser oder einer anderen Person oder in Form eines völlig unerwarteten Geschenkes, das dir das Leben bereitet. Wenn du ohne jede Absicht dein inneres Leuchten nach außen verschenkst, um damit die Schwingung der Menschen in deiner Umgebung zu erhöhen, wird dies ganz leicht geschehen.

Lächle du zuerst!

Wenn du willst, dass die Welt lächelt, dann lächle zuerst, das ist die einfachste Art, etwas Negatives loszulassen und durch etwas Positives zu ersetzen. Du bist in jedem Moment eine lebendige Ursache für die Wirkungen in deiner Zukunft, selbst wenn du nur dasitzt und nichts tust. Solange du in deiner irdischen Hülle lebst, hast du eine *energetische* Ausstrahlung, und zwar in jedem einzelnen Moment, und die Qualität dieser Ausstrahlung manifestiert sich in deiner Realität. Diese energetische Ausstrahlung kannst du natürlich selbst positiv beeinflussen, vor allem über deine Körpersprache. Rein theoretisch müsstest du dir sogar nie wieder etwas Konkretes »beim Universum bestellen«, wenn du einfach deinen Ur-Zustand der Freude etablierst und den Großteil des Tages glücklich und harmonisch verbringst und quasi dauerlächelst. Das Leben würde dich reichlich beschenken und dir alles in den Schoß legen – um es in

Zahlen auszudrücken, wenn täglich mindestens 51 % deiner Empfindungen und Zustände auf das Positiv-Konto einzahlen.

Stell dir das bitte konkret vor: Nie wieder müsstest du dir Gedanken über deine Wünsche und Ziele machen. Freude und Erfolg wären garantiert. Dein Leben wäre an den unbegrenzten Strom der energetischen göttlichen Fülle angeschlossen. So funktioniert das Gesetz von Ursache und Wirkung! Das ist magisch! Umgekehrt bedeutet das aber auch, dass du faktisch 49 % negative Gefühle haben darfst, ohne dass es sich negativ auf deine Realität auswirkt!

_ *Ein positiver Gedanke ist tausendmal machtvoller als ein negativer Gedanke. Der Weg ist einfach: Wenn du willst, dass die Welt lächelt, dann lächle zuerst.*

Kennst du die schöne Geschichte vom Hund im Tempel der 1000 Spiegel?

In einem fernen Land gab es vor langer, langer Zeit einen Tempel mit 1000 Spiegeln. Eines Tages kam, wie es der Zufall so will, ein Hund des Weges und bemerkte das Tor zum Tempel der 1000 Spiegel. Vorsichtig und ängstlich öffnete er das Tor und ging in den Tempel hinein. Kaum, dass er ihn betreten hatte, glaubte er sich von 1000 Hunden umgeben und begann zu knurren. All diese Hunde in den Spiegeln knurrten zurück. Er fletschte die Zähne und im selben Augenblick fletschten die 1000 Hunde die Zähne. Da bekam der Hund es mit der Angst zu tun, so etwas hatte er noch nie erlebt. Voller Panik lief er, so schnell er konnte, aus dem Tempel hinaus. Dieses furchtbare Erlebnis sank tief in das Gedächtnis des Hundes hinab und er hielt es fortan für erwiesen, dass ihm andere Hunde feindlich gesinnt sein mussten. Die Welt war nun für ihn ein bedrohlicher Ort und er wurde von anderen Hunden gemieden und lebte verbittert bis ans Ende seiner Tage.

Die Zeit verging und wie es der Zufall so will, kam eines Tages ein anderer Hund des Weges. Dieser Hund bemerkte das Tor zum Tempel und öffnete es neugierig und erwartungsvoll. Als er den Tempel betreten hatte, glaubte er sich von 1000 Hunden umgeben und er begann zu lächeln. Von überall her sah er die anderen Hunde ebenfalls lächeln, so gut Hunde eben lächeln können. Da begann er vor Freude mit dem Schwanz zu wedeln und im selben Augenblick begannen die 1000 Hunde mit ihrem Schwanz zu wedeln, was den Hund nur noch fröhlicher machte. So etwas hatte er noch nie erlebt und voller Freude blieb er, so lange er konnte, im Tempel und spielte mit den 1000 Hunden. Dieses schöne Erlebnis vergrub sich tief im Gedächtnis des Hundes und fortan sah er es als erwiesen an, dass ihm andere Hunde wohlgesinnt waren. Die Welt war für ihn ein freundlicher Ort und er war bei anderen Hunden gern gesehen und lebte glücklich bis ans Ende seiner Tage.

Die meisten Menschen machen in ähnlicher Weise ihr »Spiegelbild« – also die äußeren Umstände – für ihr Unglück und ihre Mängel verantwortlich, anstatt die Ursache dessen in sich selbst zu ändern. Sie haben das Prinzip noch nicht im Blick, nachdem sie selbst mit ihren Gedanken und Gefühlen samt aller Vorzeichen von Plus oder Minus die Ursache setzen für alles, was sich in ihrem Leben spiegelbildlich zeigt. Diese Gesetzmäßigkeit gilt, du kannst nichts daran ändern. Du allein bist hundertprozentig und ausnahmslos für deine Ausstrahlung in diesem Moment verantwortlich. Niemand außer dir hat einen Einfluss auf deinen Zustand. Um dich zu ärgern, zu ängstigen, zu streiten, traurig zu sein oder dir Sorgen zu machen, brauchen diese Emotionen in jedem Fall deine *Erlaubnis*. Wenn du bisher geglaubt hast, andere hätten die Macht über deine Gefühlswelt, dann täuschst du dich!

_ *Es gibt nur einen Menschen, der Macht über deine Emotionen hat: du!*

In Zukunft lässt du nur noch Emotionen zu, die dir guttun. Du weißt ja bereits, wie du deinen Verstand mit richtigen Fragen bewusst in eine freudvolle Wirkung lenkst. Heute bringst du dich selbst und andere zum Lächeln und zum Strahlen.

AUSFÜHRUNG

Am Morgen

- Nach dem Aufwachen – noch bevor du aufstehst – mache dir bewusst, dass du als ICH in deinen Tag startest.
- Bedanke dich bei deinem Körper, deinem Verstand und deiner Persönlichkeit dafür, dass sie es dir ermöglichen, Erfahrungen in diesem irdischen Leben zu sammeln. Bedanke dich auch dafür, dass es dir mit Spaß und Leichtigkeit gelingt, die heutige Wachauf!-Gabe spielend zu meistern.
- Bitte um Hilfe aus der geistigen Welt.
- Schreibe ausführlich in dein Danke-Buch, wofür du dankbar bist. Bedanke dich dabei gleichermaßen für Lebensumstände, die du schon hast wie für solche, die du gerne haben möchtest.
- Denke daran, dir im Laufe des Tages Zeit zum Meditieren zu reservieren.

Am Tag

- Schenke heute jedem Menschen, der dir begegnet, ein herzliches Lächeln, vor allem dir selbst. Tritt den Tag über immer wieder vor den Spiegel und strahle dir selbst ins Gesicht. Biete allem und jedem deine freundliche Ausstrahlung an, zeige dein inneres Glück und lasse andere an deiner Göttlichkeit teilhaben, damit sie an ihre eigene Göttlichkeit erinnert werden.
- Leuchte heute quasi von innen heraus und achte darauf, was dir das Leben schenkt. Lass dir dabei egal sein, ob deine Zuwendung von anderen erwidert wird oder nicht. Lächle absichtslos!
- Du kannst heute lächeln, so viel du willst, aber mindestens 21-mal.

Am Abend

- Nimm deinen Wach-auf!-Anker mit ins Bett und bedanke dich dafür, dass es dir mit Spaß und Leichtigkeit gelungen ist, die heutige Wach-auf!-Gabe in deinen Alltag zu integrieren.
- Platziere deinen Wach-auf-Anker dort, wo du ihn morgen früh gleich als Erstes erblickst.
- Lege als das ICH, das du bist, deinen wundervollen Körper zum Schlafen nieder.

11. WACH-AUF!-GABE: SCHICKE DEINEN VERSTAND IN URLAUB!

Wenn dein ICH die Führung übernimmt.

Nachdem mein Mann und ich uns vor drei Jahren zum Ziel gesetzt hatten, mit unseren Motorrädern die Trans Euro Trail-Strecke durch Finnland nach Norwegen und bis ans Nordkap zu fahren, buchte ich ein mehrtägiges Enduro-Training als Vorbereitung auf die Schotterpisten. Bislang war ich mit meiner Straßen-Enduro nur ausnahmsweise auf unbefestigtem Untergrund gefahren, für mich war das Motorrad eher dafür gedacht, bequem weite Strecken zu fahren und alles dabei zu haben, was ich brauche. Ich konnte mir noch nicht so richtig vorstellen, auf einer fremden, großen Maschine das Training zu absolvieren, doch ich war ganz offen und wollte es lernen. Als ich bemerkte, dass sich erste Ängste aufbauten, hörte ich einfach auf zu denken. Das kannte ich bereits von meinem ersten Tandem-Fallschirmsprung. Damals stand ich kurz vor der Bürgermeisterwahl, für die ich kandidiert hatte, und die Kandidaten-Rede kam auf mich zu. Ich wusste, dass ich mit den anderen Bewerbern vor mehreren hundert Menschen in der Stadthalle sprechen würde, was mein Herz schneller schlagen ließ, sobald ich nur daran dachte. Ich war aufgeregt.

Ich fand dann folgende Lösung: Wenn ich meine Angst überwinden und aus 4.000 Metern Höhe aus einem Flugzeug springen würde, dann hätte ich auch den Mut, vor ca. 800 Menschen zu sprechen. Die Gelegenheit kam schnell, spontan und ohne nachzudenken sagte ich: »Ja!« Bis zum Abend vor dem Sprung verdrängte ich jeden Gedanken daran, dann recherchierte ich drei positive Erfahrungsberichte im Internet, las sie mir sorgfältig durch und war begeistert. Ich erlaubte mir keinen anderen Gedanken mehr und schickte meinen Verstand einfach in Urlaub. Ich sagte mir: Er kann mir ohnehin nicht helfen, wenn ich im freien Fall Richtung Erde fliege, aber mein ICH kann es! Also gab ich am nächsten Morgen alles Geschehen in die Obhut meines ICH.

Dieser Fallschirmsprung wurde zu einem der schönsten Erlebnisse, die ich bis dahin in meinem Leben gehabt hatte. Besonders die Sekunden während und nach dem Verlassen des Flugzeugs bleiben mir als die großartigsten Augenblicke in Erinnerung. Seither fliege ich mit meinen Seminargruppen regelmäßig Fallschirm. Für diese Ruhe und den Frieden in der Luft, für den Anblick unserer wunderschönen Welt von hoch oben, dafür, durch Wolken zu fallen, frei wie ein Vogel zu sein und mich widerstandslos fallen zu lassen, lohnt es sich, meinen Verstand in Urlaub zu schicken. Da ist eine Macht, die mich führt und lenkt und die mich immer beschützt. Das wusste ich auch, als ich mit meinem Motorrad auf dem Gelände des alten Kieswerks angekommen war, um mein erstes Offroad zu fahren. Ich war super nervös, mein Verstand drängelte sich permanent vor und ich hatte Mühe, ihn zurückzuhalten. Am liebsten hätte er mir eingeredet, all die Aufgaben könne ich sowieso nicht bewältigen und deshalb müsse ich in Panik verfallen.

Ich hatte genau zwei Möglichkeiten: meinen Verstand in Urlaub zu schicken oder die Sache abzublasen. Ich blieb.

Mein Trainer erwartete mich schon, im Gegensatz zu mir sah er mit seiner Ausrüstung sehr professionell aus. Zum Glück war er sehr sympathisch und freundlich, (was ich mir natürlich vorher bestellt hatte!) Ich erzählte ihm, dass ich ziemlich viel Respekt vor der Aktion hätte, aber er versprach mir, dass ich am Abend alle Aufgaben können würde, was mich sehr motivierte. Er versprach mir, eins nach dem anderen zu machen. Er hielt sein Versprechen. Er jagte mich so schnell von einer in die nächste Übung, dass mein Verstand gar keine Chance hatte, auch nur hinterherzuhinken. Wenn es nach meinem Verstand gegangen wäre, dann wäre ich nach der ersten »Aufwärmübung«, die für mich eher eine Zirkusnummer darstellte, einen halben Tag lang auf dem Schotter im Kreis, mit einem Knie auf dem Sitz und dem anderen in der Luft rumgefahren, bis mein Puls sich annähernd normalisiert hätte. So hätte sich mein Verstand sachte an die neuen Anforderungen gewöhnt. Doch der Trainer wollte aus mir einen Profi machen! Er war zufrieden, sobald ich die demonstrierte Übung einmal richtig gemacht hatte und fuhr dann weiter zur nächsten – mein Verstand nicht. Den hatte ich in dem Gebäude zurückgelassen, in dem ich mich vor dem Aufwärmen umgezogen hatte.

Der Trainer war kein Mann der Worte und somit der perfekte Lehrer für mich. Er erklärte gar nicht viel, sondern nur das Nötigste, so hatte mein Gehirn gar nicht die Möglichkeit, aus seiner Schockstarre zu erwachen. Der zweite und letzte Satz seiner globalen und immer auf den Punkt gebrachten Ankündigung jeder nächsten Übung lautete an diesem Tag: »Ich mach´s einfach vor und du machst es dann nach!«, worauf ich mit »Ok.« antwortete und ihm einfach glaubte. Mein Verstand war nicht da, und ich fühlte mich nach jedem dieser Sätze geehrt, denn offenbar traute mir dieser Mann ohne weiteres all das zu, was er selbst mir vorführte. Es fühlte sich großartig an, einfach nicht zu denken und nur zu machen. Natürlich wurden die Übungen immer waghalsiger. Sie führten gefühlt Quantensprünge weit weg von dem, was ich je mit dem Motorrad ausprobiert hatte oder freiwillig ausprobiert hätte. Mein ICH schaffte es jedoch spielend. Am Abend holte ich meinen Verstand wieder ab und wir fuhren zusammen nach Hause. Mein Verstand war stolz wie Harry auf mich. ICH auch.

ICH, die Führungsmacht

Dein ICH kann alles vollkommen. Bevor du destruktive Gedanken zu deiner Realität werden lässt, ist es die bessere Lösung, deinen Verstand in Urlaub zu schicken und die Ausführung an dein ICH abzugeben. Du wirst begeistert sein, wie gut sich Vollkommenheit anfühlt! Abgeben hat etwas mit Ur-Vertrauen zu tun. Das bedeutet, dass es etwas gibt, das weiser und vollkommener ist als dein Ego. ICH ist immer da und immer *für* dich. ICH übernimmt die Führung zu deinem höchsten Wohl, wenn du es zulässt. Du gibst einfach alles ab an diese Quelle und vertraust darauf, dass sie deinen Körper vollkommen anleiten wird – und währenddessen darf dein Verstand sich im Urlaub erholen.

Du wirst bald feststellen, dass es keinen schöneren Zustand gibt als diesen. Alles ist vollkommen, alles läuft perfekt, ohne dass du etwas *tun* musst, denn du lässt ICH einfach geschehen. Überlasse deiner Intuition die Führung. Lasse dein Bauchgefühl dich leiten. Das ist dein perfekter Kompass. Tu mal einen Tag lang so, als wäre dein Verstand tatsächlich verreist und deine Intuition würde ihn vertreten. Du wirst nur noch richtige Entscheidungen treffen, denn alle Möglichkeiten existieren bereits in dir. Erinnere dich daran, wie oft du schon das perfekte Bauchgefühl hattest und die Sache ging gut für dich aus. Andere Male hast du nicht darauf gehört und dein Verstand hat Fehler gemacht.

_ *Ganz gleich, wie du diese höhere Macht nennst – Intuition, Bauchgefühl, Gott, Universum, ICH, Seele, Herz oder Jesus – sie ist da und es ist ihr egal, wie du sie nennst. Sie ist zu deinem höchsten Wohle da und liebt dich über alles. Du kannst dich auf sie verlassen!*

Wenn du heute aus dem Haus gehst, lass ausnahmsweise dein Ego bewusst auf dem Sofa sitzen und schalte den Fernseher an, damit es sich nicht langweilt. Gib dann vertrauensvoll alle Entscheidungen, die an diesem Tag anstehen, an dein ICH ab. Tu so, als müsste dein Gefühl, dein Herz jede einzelne Entscheidung ganz alleine treffen und richte dich dann nach der Wahrnehmung deines Herzens. Du wirst begeistert sein, wie einfach das Leben ist, wenn du dich von deinem ICH anleiten lässt!

AUSFÜHRUNG

Am Morgen

- Nach dem Aufwachen – noch bevor du aufstehst – mache dir bewusst, dass du als ICH in deinen Tag startest.
- Bedanke dich bei deinem Körper, deinem Verstand und deiner Persönlichkeit dafür, dass sie es dir ermöglichen, Erfahrungen in diesem irdischen Leben zu sammeln. Bedanke dich auch dafür, dass es dir mit Spaß und Leichtigkeit gelingt, die heutige Wachauf!-Gabe spielend zu meistern.
- Bitte um Hilfe aus der geistigen Welt.
- Schreibe ausführlich in dein Danke-Buch, wofür du dankbar bist. Bedanke dich dabei gleichermaßen für Lebensumstände, die du schon hast wie für solche, die du gerne haben möchtest.
- Denke daran, dir im Laufe des Tages Zeit zum Meditieren zu reservieren.

Am Tag

- Schicke deinen Verstand gleich jetzt in ein 5-Sterne-Wellness-Hotel zur Erholung und beginne deine Alltagsaufgaben mit dem guten Gefühl, dass ausschließlich dein ICH dich heute begleitet.
- Triff alle Entscheidungen aus deiner intuitiven Wahrnehmung heraus, spontan nach Gefühl und ohne nachzudenken – mindestens 21-mal.
- Lebe ganz bewusst nach deinem Gefühl, genieße die Leichtigkeit des Seins und erfahre lauter stimmige Entscheidungen.

Am Abend

- Nimm deinen Wach-auf!-Anker mit ins Bett und bedanke dich dafür, dass es dir mit Spaß und Leichtigkeit gelungen ist, die heutige Wach-auf!-Gabe in deinen Alltag zu integrieren.
- Platziere deinen Wach-auf-Anker dort, wo du ihn morgen früh gleich als Erstes erblickst.
- Lege als das ICH, das du bist, deinen wundervollen Körper zum Schlafen nieder.

12. WACH-AUF!-GABE: NUTZE DIE MACHT DER WORTE!

Ausgesprochene Gedanken sind Affirmationen.

If you can tell it, you can be it! Wenn wir auf die Welt kommen, haben wir noch keine Gedanken. Unser Umfeld bestimmt, was wir später einmal denken werden. Wenn Kinder auf die Welt kommen, werden in den ersten 1000 Tagen ihres Lebens die meisten neuronalen Vernetzungen in ihrem Gehirn geknüpft. Hiermit werden die

Grundlagen gebildet für ihr späteres Denken. Bis zu ihrem siebten Lebensjahr sind Kinder sehr offen für alle Arten von »Programmierungen« durch ihr Umfeld, wozu die Familie, Freunde, Kindergarten, Schule und alles andere zählt, wer oder was im Leben eines Kindes eine wichtige Rolle spielt. Die Gehirnaktivität eines Kleinkindes befindet sich im Vergleich zu Erwachsenen im entspannten Alphawellen-Zustand (8-14 Hz) oder Thetawellen-Zustand (4-7 Hz), in welchem die Selbstheilungskräfte des Kindes und eine ungehinderte Aufnahme von äußeren Lerneinflüssen aktiviert sind. Die niedrigen Gehirn-Wellenbewegungen (Frequenzen) bewirken, dass das Tor zum Unterbewusstsein des Kindes weit geöffnet ist, das heißt, logische Erwägungen finden im Verstand noch nicht statt.

Kinder leben noch ganz und gar im Moment und nehmen alles wahr, was um sie herum geschieht. Ihr Unterbewusstsein ist uneingeschränkt empfänglich für jede Art Lerninformation, daher wird es nachweislich täglich mit bis zu 400 (meist einschränkenden) Glaubenssätzen konfrontiert. Einer »Negativ-Programmierung« ist also im wahrsten Sinne Tür und Tor geöffnet. Natürlich erfahren die Kinder optimalerweise sehr viel Liebe und Zuneigung. Die Eltern meinen es gut, wenn sie versuchen, ihre Kinder mit negativen Glaubenssätzen zu schützen: »Pass auf, du fällst da runter!« »Achtung, du verbrennst dir die Finger!« »Das kannst du noch nicht!« »Dafür bist du noch zu klein!« »Lass die Hundekacke liegen, sonst wirst du krank!« ...

Doch diese Art der Programmierung ist sehr mächtig. Sie verursacht konkrete Bilder im Kopf eines Kindes, die dann die Tendenz haben, sich zu erfüllen. Die dem Kind eingetrichterten Lebensweisheiten entstammen dabei den Überzeugungen, Werten, Ängsten, Feigheiten oder auch Nachlässigkeiten der Menschen in seinem unmittelbaren Umfeld. Vor allem aber ahmt das

Kind deren Verhalten nach und übernimmt deren Glaubenssätze als seine eigenen. Es entsteht ein Gerüst von Mustern und Gewohnheiten, welches die Entscheidungsbasis für sein zukünftiges Leben bildet. Oft besteht diese Programmierung im Unterbewusstsein bis ins Erwachsenenalter und verhindert dann den Wunsch- bzw. Erfolgsweg, weil zu viele »Aber ...!« und »Nein ...!« und »Stopp ...« eingespielt werden in die Entscheidungen. Reflexartig spult der Verstand des heranwachsenden Kindes alle diese blockierenden (Gegen-)Worte ab, noch bevor sich die tiefere Wahrheit und Eigenständigkeit des Kindes – sein spontanes »Ja!« – an die Oberfläche zum Mitreden durchkämpfen kann. Sie treffen dann eigentlich gar nicht ihre Entscheidungen, sondern die ihrer Eltern, Lehrer usw., ohne es zu bemerken.

Die Lösung ist: Du kehrst deinen Glauben an einen einschränkenden Glaubenssatz (z. B. »Das kann ich nicht!«) in das optimale Gegenteil (»Ich kann alles schaffen!«) um. Lass den alten Satz ganz los und sprich den neuen Satz mehrfach laut aus. So änderst du auch die Spiegelwirkung in deiner Realität.

_ *Du wirst nur solche Handlungen durchführen, an deren Erfolg du glaubst. Du wirst Dinge planen, von denen du glaubst, dass sie dir gelingen. Du wirst Dinge erwarten, die du dir nicht nur wünschst, sondern die du auch für möglich hältst.*

Pro-Affirmationen

Dein Leben ist das Produkt deiner Gedanken und Worte. Den ganzen Tag über sprichst du Worte und denkst Gedanken, die wiederum nur Produkte sind, weil sie unbewusst durch Reize in deinem Umfeld ausgelöst werden. Du merkst es meistens gar nicht! Deine Realität ist demzufolge dann bloß eine (spiegelbildliche) Reaktion auf bereits erfolgte Reaktionen usw. – solange dein Verstand im Autopilot-Modus ist und nicht danach fragt, ob deine Gedanken und Worte sinnvoll sind oder nicht. Dein Autopilot führt einfach die »Befehle« aus, die er erhält. Das ist das Prinzip der selbsterfüllenden Prophezeiung.[31]

Es ist eine tolle Übung, bestimmte Gedanken, die du denkst, wahrzunehmen und sie dann in eine Sprachform bzw. einen »Befehl« oder eine »Bestellung« zu übersetzen, die sich dann spiegelbildlich wie von dir gewünscht in deiner Realität manifestieren könnte. Auf diese Weise nutzt du die Macht deiner Worte.[32] Sprich bewusst *positive Affirmationen* laut aus! Sie generieren dann bestärkende Bilder, die dein Unterbewusstsein ebenso in die Realität umsetzen wird wie alle unbewussten Gedankenbilder im Autopilot-Modus deines Verstandes. Es fragt nicht danach, ob die Affirmation gut oder schlecht oder realistisch ist, es erfüllt sie einfach.

Destruktive Glaubenssätze, die du gleich jetzt loslassen kannst, sind z. B.:

- »Ich versuche doch schon seit 10 Jahren abzunehmen. Es funktioniert nicht.«
- »Bei uns wird das schon immer so gemacht, das wird sich nicht ändern.«
- »Das kann ich mir nicht leisten.«
- »Ich schaffe das sowieso nicht.«
- »Das ist zu schwer für mich.«
- »Ich bin unsportlich/Raucher/faul/dumm/unattraktiv ...«
- »Ich habe mir schon so oft etwas vorgenommen und es dann doch nicht gemacht.«

---

[31] Siehe dazu: Neale Donald Walsch: Gespräche mit Gott – Band 1. Arkana Verlag 2006

[32] Siehe auch: Sylvia Wetzel: Worte wirken Wunder. Herder Verlag 2010. Louise Hay: Heile deinen Körper. Lüchow Verlag 2017. Joseph Murphy: Entfesseln Sie die Macht Ihres Unterbewusstseins – 52 Affirmationen. Ariston Verlag 2019

Aufbauende und positive Affirmationen, die du jetzt gleich laut und bewusst aussprechen kannst, könnten z. B. so lauten:

- »Ende August habe ich mein Wunschgewicht von 80 kg erreicht!«
- »Meine Mitarbeiter sind aufgeschlossen für alles Neue.«
- »Ich gönne mir alles, was mein Leben bereichert.«
- »Ich schaffe alles, was ich will!«
- »Das ist ganz leicht.«
- »Ich bin sportlich/Frischluft-Liebhaber/fleißig/klug/habe eine tolle Ausstrahlung ...«
- »Was ich mir vornehme, ziehe ich bis zum Ende durch!«

Einschränkende Glaubenssätze, die dem Komfortzonen-Denken, der Angst oder der falschen Eitelkeit entspringen, sind Erfolgs-Verhinderer. Sie kommen alle aus dem Verstand. Dieser möchte natürlich seinen Senf dazugeben und dich vor potenziellen Misserfolgen warnen. Er berechnet und analysiert Wahrscheinlichkeiten und kommt dann meist zu dem Ergebnis, dass sich Träumereien gar nicht lohnen, weil die Wahrscheinlichkeit besteht, zu scheitern. Doch alle diese Analysen sind wieder »Bestellungen an das Warenhaus des Universums«, die sich ebenso erfüllen wie das Planen von Bestcase-Szenarien voller Ur-Vertrauen, Begeisterung und Dankbarkeit! Positive Affirmationen wirken als bestärkende, aufbauende Suggestionen, die direkt eine Veränderung deiner Schwingungsfrequenz zur Folge haben. Wenn du sie laut aussprichst, setzt du also positive Worte als Ursache, auf die dann auch eine positive Wirkung folgen muss.

Affirmationen für Kinder

Wenn du deinem Kind wiederholt sagst, was es »falsch« macht und wozu es »nicht in der Lage« ist, entwickelt es einschränkende Glaubenssätze über sich selbst, die sich in seiner Realität manifestieren. Es kann also durchaus sein, dass dein Kind nur deswegen schwächlich, ungeschickt, unsportlich ist oder Lernschwierigkeiten hat, weil es ihm so suggeriert wurde. Wenn es umgekehrt mit bestärkenden, machtvollen und kraftvollen Glaubenssätzen aufwächst, entwickelt es ein gesundes Selbstbewusstsein und glaubt an die eigene Kraft. Solche zusprechenden Affirmationen können bspw. sein:

- »Du bist ein Glückspilz!«
- »Du schaffst das spielend leicht!«
- »Dir fällt immer alles in den Schoß!«
- »Du bist so gut in allem!«

Auch wenn die Realität deines Kindes diese Aussagen noch nicht spiegelt, wird es sie als Zuspruch empfinden. Dann wartest du auf eine Gelegenheit, die die Affirmation bestätigt und sagst es deiner Tochter oder deinem Sohn immer wieder. Der Fokus deines Kindes ändert sich dadurch und es sucht nach Bestätigungen für die Affirmation.

Ich selbst bekräftige den Glauben meiner Kinder an das Gute und an sich selbst automatisch täglich mit vielen Affirmationen. Sie antworten mir seit Jahren darauf mit dem Satz: »Ich weiß!« Für sie sind die positiven Affirmationen längst normal und sie haben sie verinnerlicht. Sie glauben daran und erschaffen auf diese Weise Situationen, die den Affirmationen entsprechen. Für alle Kinder sollte das normal sein, ebenso für alle Erwachsenen – auch für dich!

Affirmationen legen unsere unbegrenzten Potenziale frei und aktivieren sie auf der unbewussten Ebene. Sie motivieren uns zu Handlungen, die wir ohne die Affirmationen möglicherweise nicht ausführen würden. Wir aktivieren mit der Macht der Worte unsere unbegrenzten Kräfte!

_ *Die geistige Leistungsfähigkeit eines Menschen hängt stark davon ab, wie sehr andere an seine Kompetenzen und Fähigkeiten glauben und ihm diesen Eindruck auch vermitteln. Sagt man einem Menschen, er sei unfähig, wird er unbewusst seine eigene Intelligenz blockieren – und umgekehrt.*

Die folgende Geschichte bestätigt dies:

Thomas Edison, der Erfinder der Glühbirne, wurde als Kind mit einem Brief für seine Mutter von der Schule nach Hause geschickt. Als er seiner Mutter den Brief zum Lesen übergab, weinte sie beim Lesen des Briefes und sagte ihrem Sohn, die Lehrer hätten ihn als Genie bezeichnet und sie solle ihn selbst unterrichten, da die Schule ihm keine angemessene Lernumgebung bieten könne. Lange nach dem Tod der Mutter soll Edison dann den Brief beim Ausmisten des Dachbodens in einer Schachtel gefunden haben. Er öffnete den Brief und stellte fest, dass die Lehrer ihn in Wirklichkeit als geistig behindert eingestuft und deshalb von der Schule verwiesen hatten. Das hatte ihm seine Mutter jedoch verschwiegen und ihn mit der Aussage, er sei ein Genie, immer wieder »affirmiert«. Nur die Liebe und der Glauben seiner Mutter hatten ihm das Selbstvertrauen geschenkt, ein genialer Erfinder zu werden.

Die sieben heilenden Affirmationen von Charles Haanel (The Master Key System) aus dem Jahr 1912 heilten seine unheilbare Muskelkrankheit. Sie umfassen alles, was zu einem vollkommenen Leben gehört. Ich sage sie mir im entspannten Zustand jeden Tag laut vor:

- »Ich bin ganz.«
- »Ich bin perfekt.«
- »Ich bin stark.«
- »Ich bin machtvoll.«
- »Ich bin liebevoll.«
- »Ich bin harmonisch.«
- »Ich bin glücklich.«

Die Macht der Sprache ist nicht zu unterschätzen, sie ist verantwortlich für alles, was in unserer Realität vorkommt. Die Sprache in Form von Gedanken und Worten steuert unsere Zustände, unsere Emotionen, unser ganzes Sosein. Und dieses Sosein ist in jedem einzelnen Augenblick die Ursache für die Wirkungen in unserer Realität, die unsere Wahrheit ist.[33]

Dein Unterbewusstsein findet immer die richtigen Assoziationen zu den Affirmationen, die du zu dir sprichst. Fange gleich damit an, dir jeden Tag mehrmals die mächtigen »Ich bin«-Affirmationen laut zuzusprechen. Der Mensch ist, was er glaubt!

AUSFÜHRUNG

Am Morgen

- Nach dem Aufwachen – noch bevor du aufstehst – mache dir bewusst, dass du als ICH in deinen Tag startest.
- Bedanke dich bei deinem Körper, deinem Verstand und deiner Persönlichkeit dafür, dass sie es dir ermöglichen, Erfahrungen in diesem irdischen Leben zu sammeln. Bedanke dich auch dafür, dass es dir mit Spaß und Leichtigkeit gelingt, die heutige Wachauf!-Gabe spielend zu meistern.
- Bitte um Hilfe aus der geistigen Welt.
- Schreibe ausführlich in dein Danke-Buch, wofür du dankbar bist. Bedanke dich dabei gleichermaßen für Lebensumstände, die du schon hast wie für solche, die du gerne haben möchtest.
- Denke daran, dir im Laufe des Tages Zeit zum Meditieren zu reservieren.

---

[33] Es gibt übrigens Forschungsuntersuchungen dazu, dass Menschen, die mehrfach die gleichen „Unwahrheiten" von sich geben, am Ende selbst daran glauben.

Am Tag

- Sprich heute und am besten auch zukünftig 21-mal verteilt über den Tag die sieben Affirmationen von Charles Haanel zu dir selbst laut aus – im vollen Vertrauen auf die Kraft der Worte:
- »Ich bin ganz.«
- »Ich bin perfekt.«
- »Ich bin machtvoll.«
- »Ich bin stark.«
- »Ich bin liebevoll.«
- »Ich bin harmonisch.«
- »Ich bin glücklich.«
- Wenn du möchtest, kannst du die Affirmationen ganz nach deinen aktuellen Bedürfnissen anders formulieren. Was immer dir wichtig und nützlich und wünschenswert erscheint, sollte hinter den »Ich bin ...« stehen.

Am Abend

- Nimm deinen Wach-auf!-Anker mit ins Bett und bedanke dich dafür, dass es dir mit Spaß und Leichtigkeit gelungen ist, die heutige Wach-auf!-Gabe in deinen Alltag zu integrieren.
- Platziere deinen Wach-auf-Anker dort, wo du ihn morgen früh gleich als Erstes erblickst.
- Lege als das ICH, das du bist, deinen wundervollen Körper zum Schlafen nieder.

13. WACH-AUF!-GABE: LOBE UND MOTIVIERE!

Kommunikation ist alles.

Nicht nur die Art, wie du zu dir selbst sprichst, ist ausschlaggebend für die Ergebnisse, die du in deinem Leben erreichst. Auch die Art, wie du mit anderen sprichst, hat direkten Einfluss auf dich und natürlich auch auf denjenigen, mit dem du kommunizierst. Du kannst das Leben dieses Menschen bereichern und verschönern, wenn du ihn oder sie mit freundlichen und aufbauenden Worten stärkst und motivierst.

»Net gschompfa isch globt gnuag!« Dieses schwäbische Sprichwort ist leider immer noch weit verbreitet im Süden Deutschlands. Man spricht nur aus, was stört und was man nicht mehr haben will und sonst sagt man lieber nichts. Warum? Bei einem Lob oder einer Anerkennung würde der andere womöglich denken, dass er alles richtig macht. Nein, es wird nicht gelobt, sondern nur kritisiert! Natürlich schwingt diese Einstellung nicht nur beim Sender, sondern auch beim Empfänger der ausschließlichen Kritik äußerst niedrig. Eine ICH-Bewusstheit ist dabei wohl nicht zu vermuten. Außerdem motiviert Kritik, wenn sie nicht wohlwollend und wertschätzend angetragen wird, nicht dazu, etwas besser zu machen. Dabei ist es so einfach, Kritik positiv zu formulieren und den Kritisierten damit nicht zu verletzen, sondern ihm verständlich zu machen, was er alles noch erreichen kann.

Was du willst und was nicht

Meine Tochter kam einmal im Alter von 11 Jahren zu mir und bat mich um Rat. Das war mir eine große Ehre, denn sie nahm damals ihr Thema ganz wichtig. Ich setzte mich zu ihr und sie schilderte mir ihr Problem. Ihre beste Freundin, mit der sie in eine Schulklasse ging, wollte immer bestimmen, was die beiden spielten oder taten. Meine Tochter fühlte sich bevormundet, denn immer, wenn sie selbst eine Idee hatte, lehnte ihre Freundin ab und bestimmte, was stattdessen gespielt werden sollte. Wenn meine Tochter auf ihrer Idee bestand, wandte sich das andere Mädchen ab und hatte plötzlich keine Lust mehr zum Spielen.

Meine Tochter litt sehr darunter, das konnte ich sehen. Ich überlegte mir, wie ich ihr helfen konnte und bot ihr an, in die Rolle der Freundin zu schlüpfen, damit sie die Gelegenheit hatte, mir als ihrer Freundin ihr Herz auszuschütten. Das tat sie dann auch etwas aufgeregt in etwa so: »Ich finde es doof, dass du immer alles alleine bestimmen möchtest. Immer müssen wir das machen, was du bestimmst. Das macht mir überhaupt keinen Spaß! Ich möchte auch mal, dass wir das spielen, was ich vorschlage.« Ich sah meiner Tochter an, dass sie sich nicht gut fühlte, während sie mir das sagte. Auf meine Nachfrage hin bestätigte sie mir: »Ich fühle mich schrecklich!« Ich überlegte, wie sie es besser machen könnte. Dann fiel es mir ein: »Warum möchtest du es ihr sagen?«, fragte ich sie. Meine Tochter antwortete: »Na, weil ich auch einmal bestimmen will!« Ich fragte weiter: »Warum suchst du dir dann nicht andere Spielgefährten?« Sie schaute mich entgeistert an: »Aber sie ist doch meine beste Freundin! Und ich will, dass sie auch meine Freundin bleibt!« Jetzt war ich erleichtert, denn nun kannte ich den genauen Grund *hinter* ihrem Anliegen. Sie wollte von ihrer Freundin wertgeschätzt werden, weil sie ihre Freundin auch wertschätzte. »Das ist doch super!«, rief ich begeistert. »Dann sag ihr doch einfach, was du willst und nicht, was sie aus deiner Sicht falsch gemacht hat.« Ich erklärte ihr, dass sich ihre Freundin wahrscheinlich unwohl fühlen und nicht mehr offen sein würde für ihre Vorschläge, wenn sie sie so kritisierte.

Meine Tochter nickte erleichtert, war aber doch ein wenig ratlos, *wie* sie das ausdrücken sollte. Wir tauschten die Rollen, um es zu üben. Dabei war sie ganz aufgeregt und gespannt. Ich setzte an: »Du, ich möchte mal mit dir reden. Ich will dir sagen, dass du mir sehr wichtig bist und ich gerne mit dir spiele und ich will auch, dass du meine Freundin bleibst, weil ich dich sehr mag. Ich wünsche mir von Herzen, dass du meine Vorschläge genauso annimmst wie ich deine. Das wünsche ich mir sehr, denn dann weiß ich, dass ich dir auch wichtig bin.« Meine Tochter strahlte. Sie war so froh, dass sie ihrer Freundin gar nicht sagen musste, sie hätte etwas falsch gemacht. Schon am nächsten Tag löste sich das Drama genau so auf, wie wir es vorher geübt hatten. Alles war gut!

_ *Die meisten Konflikte entstehen, wenn Menschen sagen, was sie nicht wollen, anstatt zu sagen, was sie wollen.*

Wenn wir andere auf ihre »Fehler« hinweisen, fühlen sie sich meistens angegriffen und verlegen sich darauf, sich zu rechtfertigen. Es drängt sie in die Enge, es ist ihnen unangenehm und die Stimmung sinkt – logischerweise auch die Schwingung. Dann ist ein sachliches Gespräch kaum mehr möglich. Ganz abgesehen davon senden beide Gesprächspartner Signale aus, die in der Folge ähnlich niedrige Schwingungsfrequenzen in ihr Leben ziehen. Ein Unglück kommt dann eben wirklich nicht allein. Ich habe schon viele Teilnehmer in meinen Seminaren fragen hören: »Wie soll ich denn jemandem positives Feedback geben, wenn er nur Fehler macht?« Ein Steuerberater fragte mich einmal, wie er seiner Mitarbeiterin auf positive Art mitteilen könne, dass sie alles falsch machte. »Gar nicht!«, antwortete ich ihm. »Lobe sie dreimal oder sage ihr, was sie richtig gemacht hat und was du dir von ihr wünschst, etwa so: »Liebe Frau Müller, danke, dass sie immer alles rechtzeitig abliefern, worum ich Sie bitte. Auf Sie ist wirklich Verlass, das schätze ich sehr. Ich freue mich zu sehen, dass Sie sich immer Mühe geben, alles zu erledigen. Das Schreiben hier sieht schon gut aus. Schauen Sie bitte mal in den Zeilen 3, 5 und 7, da können Sie die Zahlen noch korrigieren. Außerdem freut sich der Kunde sicherlich über einen freundlichen Abschlusssatz im Anschreiben. Lassen Sie Ihrer Kreativität freien Lauf, das können Sie immer gut.«

Kritik tut eigentlich immer weh und wird meistens destruktiv vorgetragen. In dem Augenblick, in dem du einen Menschen kritisierst, fühlt er sich angegriffen und das Tor zu seinem Unterbewusstsein bleibt verschlossen, weil die Alarmglocken klingeln und der Gedankenvorhang automatisch davorgeschoben wird. Kritik macht einfach schlechte Gefühle und verankert auch den kritisierenden Menschen mit einem entsprechend negativen Gefühl. Jedes Mal, wenn du bspw. einen Menschen siehst, der dich einmal kritisiert hat, erinnert sich dein Unterbewusstsein an den Schmerz, den du empfunden hast, als du die Kritik bekommen hast.

Das kann ganz leicht zu einer Negativ-Programmierung werden, wie folgendes Beispiel zeigt: Eine Bekannte berichtete mir, dass ihre 7-jährige Tochter unglücklich in der Schule sei. Ihre Lehrerin gäbe ihr jeden Tag einen »Schneckenstempel« ins Schulheft, weil sie es nicht innerhalb der vorgegebenen Zeit schaffte, die Aufgaben in der Schule zu erledigen. Ich war fassungslos, dass es solche Methoden in der heutigen Zeit noch gibt. Ich riet ihr, mit der Schulleiterin zu sprechen. »Die Idee mit dem Schneckenstempel kommt aber doch von der Schulleiterin!«, erwiderte sie prompt. Es ist erwiesen, dass permanente Demotivation bei Kindern lebenslang Misserfolge verursachen kann. In diesem Beispiel drohte sich der Glaube, selbst zu langsam zu sein, auf alle anderen Lebensbereiche im Leben dieses Mädchens weiter auszudehnen.

Bevor du Kritik an einer Person äußerst, gehe wie folgt vor:

- Frage dich, warum du Kritik äußern möchtest. Finde den Grund, der dahinter steckt. Wenn du dich bspw. darüber ärgerst, dass jemand etwas nicht erledigt, obwohl du schon drei- oder viermal darum gebeten hast, zielt deine Kritik wahrscheinlich darauf, dass du dich von dieser Person ignoriert fühlst. Der Wert, um den es dir aber eigentlich geht, ist *Beachtung* und *Wertschätzung* – das positive Gegenteil von Ignoranz.

- Reflektiere für deine eigene Klarheit den Wunsch, bspw. dass du möchtest, dass die Person deinen Anweisungen immer am selben Tag Folge leistet und dich nach der Erledigung darüber informiert.

- Erinnere dich nun an die Stärken, Talente und Vorzüge der betreffenden Person.

- Formuliere drei Lobe, bevor du deine Bitte äußerst, bspw. so: »*Schön, dass Sie das so selbstständig hinbekommen. Es ist wirklich eine große Erleichterung für mich zu wissen, dass ich Ihnen das abgeben kann. Übrigens freut es mich sehr, dass ich nur Gutes über Sie höre. Schön, dass Sie für so viele gute Gefühle bei uns sorgen. Eine Bitte habe ich noch: Würden Sie bitte meine Anweisungen sofort umsetzen und mich dann gleich über die Erledigung informieren? Wie Sie wissen, gebe ich Ihnen nur prioritäre Aufgaben, weil ich Ihre Fähigkeiten schätze. Ich danke Ihnen sehr.*«

Alle guten Lobe sind drei

Vor etlichen Jahren besuchte ich einen Informationsabend mit dem skurrilen Titel »Wie umarme ich einen Kaktus?« Der Vortrag richtete sich an Eltern pubertierender Kinder. Was ich diesem Abend lernte, war bahnbrechend für mein weiteres Leben. Die Referentin erklärte uns, dass wir unsere Kinder im Kleinkindalter übertrieben für alles gelobt und mit zunehmendem Alter dann damit aufgehört haben. Um es zu verdeutlichen, imitierte sie, wie wir im

»Normalfall« inzwischen wohl alle mit unseren Teenies redeten — und ich musste ihr sofort Recht geben:

- »Jetzt habe ich dir schon 1000-mal gesagt, du sollst dein Zimmer aufräumen!«
- »Du könntest schon auch einmal auf die Idee kommen, die Geschirrspülmaschine auszuräumen!«
- »Mach doch endlich deine Hausaufgaben!«
- »Jetzt räume doch endlich mal deinen Schulranzen und deine Schuhe aus dem Weg!«

Die Dame schaute in die Runde und gab uns folgenden Ratschlag: »Wenn Sie irgendetwas von Ihrem pubertierenden Teenager haben wollen, dann loben Sie ihn erst dreimal. So hat ihr Kind einen Anreiz, überhaupt etwas für Sie zu tun. Sie haben das bei demselben Kind den ganzen Tag lang getan, als es noch 2 oder 3 Jahre alt war, um es zu motivieren. Lob motiviert aber nicht nur Kleinkinder, sondern auch ältere Kinder, und sogar Erwachsene!« Diese Empfehlung fand ich umwerfend toll und wollte sie gleich umsetzen.

Am nächsten Tag kam ich vom Büro abgehetzt nach Hause, um das Mittagessen für meine fünfköpfige Familie in 15 Minuten auf den Tisch zu zaubern. Doch als ich vor der Haustür stand und diese nicht öffnen könnte, weil sich Schulranzen und Schuhe meiner Kinder hinter der Tür verkeilt hatten, schwand meine wenige Zeit dahin. Gerade wollte ich losbrüllen, als mir der Ratschlag der Dame vom Vorabend einfiel: »Dreimal loben!« Im ersten Augenblick fiel mir in meiner Hektik überhaupt nichts ein. Ich zog mir etwas aus der Nase und rief zunächst: »Schön, dass ihr da seid!« Am liebsten hätte ich gefragt, ob mir jemand mal gefälligst die Tür öffnen kann, doch es fehlten noch zwei Lobe. Ich überlegte fieberhaft. Dann fiel mir wieder etwas ein: »Wollt ihr Spaghetti mit Tomatensauce haben?« Das war zwar kein Lob, aber doch etwas

Nettes. Irgendwie drückte ich mir dann noch ein drittes Lob aus dem Ärmel, als ich hörte, wie endlich die Zimmertüren aufgingen. Die Kinder schienen verwirrt. Mein Sohn kam und half mir, durch die Tür zu kommen. »Spaghetti mit Tomatensauce hört sich gut an!«, grinste er. Ich war stolz auf mich. Ich hatte es geschafft! Doch die Tatsache, dass es mir sehr schwergefallen war, meine Kinder dreimal zu loben, gab mir zu denken.

Ab diesem Tag ließ ich es zur Gewohnheit werden, meinen Kindern jeden Tag erst dreimal hintereinander und dann immer, wenn ich sie sah, etwas Schönes zu sagen. Noch heute, Jahre später, sind meine Kinder und auch mein Mann es gewöhnt, dass ich ihn bei jedem »neuen« Anblick täglich mehrere Male sage, wie sehr ich sie liebe, wie schön und wie klug sie sind und wie stolz ich bin, dass ich ihre Mutter bzw. seine Ehefrau sein darf. Ich denke es nicht nur, ich *sage* es Ihnen auch. Meine Kinder und mein Mann geben mir diese ernst gemeinten Komplimente und Liebesbekundungen immer zurück. Für mich und für sie ist es zum unterbewussten Programm geworden. Und es motiviert uns alle, uns gegenseitig auch mit Worten zu fördern, da es einfach gute Gefühle macht.

Probiere es gleich aus, es wirkt Wunder! Du wirst begeistert sein, wie du spielerisch und im Handumdrehen angespannte Verhältnisse harmonisierst, indem du Menschen lobst und ihnen ehrlich gemeinte Komplimente machst. Letzteres ist ganz wichtig. Es geht nicht darum, jemandem Honig ums Maul zu schmieren, sondern etwas ehrlich Gemeintes zu sagen. Jeder Mensch hat etwas Wundervolles und Einzigartiges an sich. Wenn du dein Gehirn richtig danach fragst, wird es gleich mehrere Wundervolle und einzigartige Eigenschaften an dieser Person entdecken. Fange gleich an und lobe jeden Menschen, der dir heute über den Weg läuft!

_ *Loben ist ein wichtiger Bestandteil der Motivation. Richte dein Bewusstsein einfach auf dein Herz und sage etwas Nettes. Es muss gar nicht überschwänglich sein, es können wirklich einfache anerkennende und freundliche Worte sein.*

Achte darauf, dass du jeden Menschen mindestens dreimal lobst, z. B. so:

- *»Guten Morgen, wie schön du heute aussiehst! Das steht dir richtig gut, du siehst aus wie das strahlende Leben. Ich freue mich richtig, dass wir uns heute Morgen noch gesehen haben!«*
- *»Hallo, mein Liebling, wie gut geht es dir? Wie schön, dass ich dich sehe, du siehst so schön aus. Ich liebe deine Haare ...«*
- *»Habe ich Ihnen schon einmal gesagt, dass ich wirklich froh bin, Sie bei uns zu haben? Ich weiß, es kommt manchmal ein wenig zu kurz, doch es ist mir ein Bedürfnis, Ihnen zu sagen, dass ich sehr zufrieden mit Ihnen bin und wirklich dankbar, dass ich mich mit allem an Sie wenden kann und dass Sie für mich mit solch einer Hingabe alles erledigen. Danke!«*

Vergiss auch nie, dich selbst zu loben – mindestens dreimal! Bspw. so:

- *»Ich bin so gut! Ich habe es geschafft, das Essen in 20 Minuten auf den Tisch zu zaubern. Ich bin einfach die beste Köchin der Welt!!!«*
- *»Ich bin super! Ich habe es diese Woche geschafft, jeden Tag eine Runde in der Natur zu laufen. Ich bin so stolz auf mich!«*

Loben bewirkt Wunder, bei dir und bei jedem Menschen. Lasse das Loben am besten zu deiner Gewohnheit und zu deinem unbewussten Lebensprogramm werden!

AUSFÜHRUNG

Am Morgen

- Nach dem Aufwachen – noch bevor du aufstehst – mache dir bewusst, dass du als ICH in deinen Tag startest.
- Bedanke dich bei deinem Körper, deinem Verstand und deiner Persönlichkeit dafür, dass sie es dir ermöglichen, Erfahrungen in diesem irdischen Leben zu sammeln. Bedanke dich auch dafür, dass es dir mit Spaß und Leichtigkeit gelingt, die heutige Wachauf!-Gabe spielend zu meistern.
- Bitte um Hilfe aus der geistigen Welt.
- Schreibe ausführlich in dein Danke-Buch, wofür du dankbar bist. Bedanke dich dabei gleichermaßen für Lebensumstände, die du schon hast wie für solche, die du gerne haben möchtest.
- Denke daran, dir im Laufe des Tages Zeit zum Meditieren zu reservieren.

Am Tag

- Lobe dich und jede Person, mit der du heute sprichst, für drei Dinge – ob eine Eigenschaft oder eine Fähigkeit, eine Freundlichkeit, ihr Aussehen oder etwas, das die Person getan oder gesagt hat. Verteile deine Komplimente mit einfacher Begeisterung, das muss nicht besonders poetisch oder überschwänglich sein, einfache Worte aus deinem Herzen genügen. Genieße die hohe Schwingung, die dein Lob verursacht.
- Wenn du Kritik äußern willst, bedenke die Reihenfolge deiner Schritte beim Vorgehen: Lobe die Person zuerst dreimal und formuliere dann deinen Wunsch/deine Bitte an sie. Sei dabei bestimmt, aber wertschätzend. Weise nicht auf die Fehler hin, sondern auf das, was du von der Person erwartest.
- Nutze heute 21 Gelegenheiten, dich oder andere zu loben.

Am Abend

- Nimm deinen Wach-auf!-Anker mit ins Bett und bedanke dich dafür, dass es dir mit Spaß und Leichtigkeit gelungen ist, die heutige Wach-auf!-Gabe in deinen Alltag zu integrieren.
- Platziere deinen Wach-auf-Anker dort, wo du ihn morgen früh gleich als Erstes erblickst.
- Lege als das ICH, das du bist, deinen wundervollen Körper zum Schlafen nieder.

14. WACH-AUF!-GABE: ENTSCHEIDE IN JEDEM MOMENT!

»Einen Scheiß muss ich!«

Wir haben nicht nur die Wahl, zu erwachen. Wir haben in jedem Augenblick auch die Wahl, etwas zu tun oder zu lassen. In jedem Augenblick deines Lebens entscheidest du dich für den nächsten Schritt, den du tust, selbst dann, wenn du meinst, die Entscheidung sei fremdmotiviert, du seist genötigt oder »müsstest« das eben tun. Niemand kann für dich entscheiden, außer du selbst.

_ *Du hast immer die Wahl, und genau das macht dich frei!*

Die meisten Menschen wissen gar nicht, dass sie eine Wahl haben. Sie meinen bspw., ein Zufallsprodukt in einer Reihe von evolutionären Zufallsereignissen zu sein und glauben, von den äußeren Umständen in ihrem Leben abhängig zu sein. Sie führen ein unbewusstes hektisches Leben, verplempern ihre wertvolle Zeit mit Nichtigkeiten und lassen ihre Schöpferkraft ungenutzt brachliegen, weil sie nichts von ihr wissen. Sie meinen, sie müssten den Erwartungen der Gesellschaft, der Eltern, der Ehepartner, der

Chefs ... entsprechen und tun Dinge, weil sie glauben, sie seien dazu verpflichtet. Am Ende rechtfertigen sie ihre Handlungen mit dem billigen Satz: »Ich muss das eben tun!«

Eine Wahl zu haben bedeutet, Flügel zu haben. Es bedeutet, dass du in jedem Augenblick den Kompass deiner Gefühle und deinen Zauberstab der Schöpferkraft nutzen kannst, um jede einzelne Situation in das von dir gewünschte Ergebnis zu verwandeln! Eine Wahl zu haben bedeutet, dir im Klaren darüber zu sein, dass du nicht von äußeren Umständen abhängig bist, sondern dass du die äußeren Umstände nach deinem Gusto erschaffen kannst! Eine Wahl zu haben bedeutet zudem, dass du für *alles* in deinem Leben die Verantwortung trägst, denn alles in deiner Realität ist nur das Ergebnis deiner Gedanken, die Wirkung der Ursachen, die du gesetzt hast.

Verantwortung für alles

Das Leben eines jeden Menschen vollzieht sich nach demselben Gesetz: Ursache und Wirkung. Manche Ursachen haben wir schon zu Hause gesetzt – also dort, wo wir waren, bevor wir auf die Erde kamen. Es gibt Seelen, die vor ihrer Inkarnation Krankheit, Unglück, Missbrauch, Scheitern oder andere Herausforderungen für ihr Erdenleben einplanen. Dies alles geschieht nur, damit eine Seele Erfahrungen sammeln kann, um zu begreifen, was sie in Wirklichkeit ist: Vollkommenheit und Fülle. Nur in der Welt der Gegensätze kann sie das erfahren.

_ *Jede Seele hat immer die Wahl, wie sie in ihrem irdischen Leben auf die Umstände reagiert, ob und wie sie ihre Situation verändert. Sie wählt nur Aufgaben, die sie lösen kann. Die Fähigkeiten und Werkzeuge hierfür bringt jede Seele bereits mit: Flügel, Zauberstab und Kompass.*

Im Rahmen eines Unternehmerfrauen-Trainings an einem schönen Sommerabend in Seenähe ging es gerade um Werte. Wir besprachen, wie wichtig es sei, sich eigenverantwortlich für die Dinge im Leben zu entscheiden, die einem wichtig sind und dass das Leben dabei auch Spaß machen dürfe, selbst wenn man Dinge tue, die scheinbar getan werden »müssten«. »Sie wohnen hier in einem der schönsten Orte am Bodensee«, sagte ich zu den Damen, »und Sie könnten sich ja theoretisch dafür entscheiden, Morgen an den See zu fahren und den Tag in der Sonne bei 30 Grad Hitze zu genießen, anstatt in Ihrem Geschäft zu stehen und zu arbeiten.« Eine langjährige Unternehmerin schien aufgebracht: »Aber ich muss doch meinen Laden aufschließen!« Ich lächelte: »Das bringt dann auch nichts, wenn Sie am See liegen!« Die Gruppe lachte über meinen Scherz, doch die Geschäftsfrau fand ihn nicht lustig. »Und dann bleibt mein Laden zu? Das geht nicht. Ich muss meinen Laden aufschließen!«, empörte sie sich. »Einen Scheiß müssen Sie!«, rief ich ihr lachend meinen Standardsatz zu (wie immer, wenn mir jemand mit »ich muss« kam). Sie lachte auch, weil alle lachten. »Sie könnten den Laden doch einen Tag schließen, um einen schönen Sommertag am See zu genießen. Wozu wohnen Sie denn am See, wenn Sie sich nie die Zeit dafür nehmen?«, hakte ich weiter nach. Sie sah mich kopfschüttelnd an und glaubte ihren Ohren nicht zu trauen. »Ach, und die Kunden stehen dann vor meiner verschlossenen Tür?«

Jetzt waren wir an dem brisanten Punkt angelangt. Ich nickte ihr verständnisvoll zu: »Ahhh!, das heißt, Sie wollen Ihr Geschäft öffnen, damit Ihre Kunden bei Ihnen einkaufen können? Worauf ich hinauswill«, ergänzte ich, »ist, dass Sie ihr Geschäft also nicht schließen wollen, um einen Tag an den See zu gehen, was bedeutet, dass Sie es nicht öffnen müssen, sondern es öffnen wollen, richtig?« Ich wartete auf die Antwort, aber es kam keine, also sprach ich weiter: »Das finde ich toll! Sie lieben Ihre Arbeit und Sie wollen für Ihre Kunden da sein!« »Na ja, ich würde schon gerne an den See gehen. Aber das geht ja nicht«, meinte sie schließlich. »Wie wäre es denn, wenn Sie wüssten, dass Sie nur noch zwei Monate zu leben hätten? Würden Sie wenigstens einen der letzten schönen Tage im Sommer am See genießen oder würden Sie jeden Tag in Ihrem Geschäft stehen und Kundschaft bedienen?«, wagte ich mich vor. »Ja, dann würde ich nicht nur einen Tag, sondern alle restlichen schönen Tage an den See gehen!«, freute sich die Unternehmerin über ihre Antwort. Ich sah sie an und fragte: »Woher wissen Sie, dass Sie noch länger als zwei Monate leben werden?« Das machte sie nachdenklich.

Das mächtige »Muss«

Wenn du bis eben noch etwas tun »musstest«, hast du bis eben noch in der Opferrolle gesteckt. Es gibt niemanden außer dir, der dir etwas vorschreiben könnte. Ohne dein Einverständnis passiert gar nichts. Du hältst dich an Regeln, weil du die Konsequenzen eines Regelverstoßes meiden möchtest. Das heißt, alles, was du tust, tust du *frei-willig*. Du kannst dich nur mit deinem Einverständnis zu etwas »zwingen« lassen. Dem geht immer eine Abwägung der Konsequenzen voraus. Wenn dir die zu erwartende Konsequenz übler scheint als die Tat, zu der du dich gezwungen fühlst, dann entscheidest du dich wahrscheinlich für die Lösung mit den erträglicheren Folgen. Aber du steckst in der Illusion deines Verstandes fest, denn du *weißt* ja, dass du jede Konsequenz mit deiner Schöpferkraft auf magische Weise verändern kannst.

Jedes »Ich muss!« ist eine schlimme Entscheidung. »Ich muss« wirkt wie eine Knebelung oder Zwangsjacke. »Ich muss« stimmt einfach in keinerlei Hinsicht: Du musst gar nichts! Alles, was du tust, tust du aus freiem Willen. Auf einem anderen Blatt steht natürlich die Frage, ob du das, was du tust, gerne tust oder nicht. Aber das hat nichts mit »muss« zu tun, sondern mit deiner Wahlfreiheit. Du kannst jederzeit die Wahl treffen, etwas *anderes* zu tun oder das zu akzeptieren, wofür du dich bislang entschieden hast. Beides erhöht merklich deine Schwingung, denn du bist dann kein Ich-muss-Opfer mehr. Du gehst mit jeder freiwilligen Einstellung viel glücklicher durchs Leben!

Stell dir zunächst einfach einmal Fragen, wie:
- »Muss ich wirklich diese Arbeit erledigen?« *(Wer bestimmt das? Will ich das wirklich tun?)*
- »Muss das Haus wirklich immer glänzen?« *(Wer bestimmt ...? Will ich das ...?)*
- »Muss ich wirklich zu jeder Feier gehen, auch wenn ich keine Lust habe?« *(Wer ...? Will ...?)*
- »Muss ich wirklich dauernd etwas haben, das größer, besser und teurer ist?« *(Macht mich das wirklich glücklich?)*

Das Wort »müssen« ruft immer schlechte Gefühle hervor, denn es schwingt extrem niedrig. Wenn wir uns dauernd Befehle erteilen, dies oder jenes tun zu »müssen«, dann fühlen wir uns unfrei. Freiheit gehört aber zu den wichtigsten Grundwerten des Menschen. Wir schränken uns auf diese Weise allein über unserer Sprache ein. Wenn wir Dinge tun »müssen«, impliziert dies, dass wir fremdbestimmt sind. Es ist, also als ob uns jemand vorschreibt, was wir zu tun haben. Doch da gibt es tatsächlich niemanden, auch keine kosmische Überinstanz, die uns eine Aufgabenliste vorhält und mit Sanktionen droht, wenn wir sie nicht erledigen.

_ Der einzige Entscheidungsträger, den es gibt und der das Zepter in der Hand hält, bist du!

Unabhängig davon benutzen viele Menschen das »Ich muss« auch als Ausrede, weil sie dann nicht zugeben müssen, dass sie im Grunde etwas Bestimmtes gar nicht wollen. Sie verstecken ihr schlechtes Gewissen hinter dem Ich-muss-Schein:

- »Ich will dich unbedingt mal wieder treffen, aber ich muss so viel arbeiten!«
- »Ich kann dir leider nicht bei den Aufgaben helfen, ich muss mal kurz tanken gehen!«
- »Ich kann jetzt nicht ans Telefon, ich muss mal schnell zum Chef!«
- »Ich kann nicht kochen, ich muss noch mit dem Hund gehen!«
- »Ich muss mal wieder Sport machen!«

Wenn du wirklich ehrlich sein willst, dann kannst du es auch mit einer Ausdrucksweise versuchen, die bessere Gefühle macht, z. B. so:
- »Ich arbeite zurzeit sehr gerne und sehr viel und das ist meine Priorität. Ich melde mich gerne bei dir morgen.«
- »Ich gehe kurz tanken, danach helfe ich dir gerne!«
- »Ich will jetzt nicht ans Telefon, ich gehe schnell zum Chef!«
- »Ich nutze das schöne Wetter und gehe mit dem Hund spazieren, danach komme ich gerne zu dir oder willst du vielleicht mit mir mitkommen?«
- »Ich will unbedingt Sport treiben und fange noch diese Woche damit an.«

Vermeintliche Fremderwartungen
Viele Menschen benutzen das Wort »muss«, weil sie meinen, dass die Gesellschaft Erwartungen oder Anforderungen an sie stellt, die sie erfüllen müssten, um ihren Wert zu steigern. Und obwohl sie keine Lust dazu haben, tun sie es dennoch und sagen bspw.: »Ich muss am Wochenende den Garten machen!« Sie erhoffen sich durch einen ordentlichen Garten vielleicht die Anerkennung ihrer Nachbarn. Anerkennung von anderen Menschen bekommen zu wollen, kann uns unfrei machen, da wir dann vielleicht Dinge tun in der Erwartung, anderen Menschen zu gefallen. Hast du dich

schon einmal gefragt, wieso du dich eingeengt und nicht richtig frei fühlst? Das kann daran liegen, dass du deinen Wert von äußeren Maßstäben abhängig machst oder dir einredest, dass du ein bestimmter Mensch sein oder bestimmte Dinge tun musst. Frage dich doch einfach: Was will ICH?

AUSFÜHRUNG

Am Morgen
- Nach dem Aufwachen – noch bevor du aufstehst – mache dir bewusst, dass du als ICH in deinen Tag startest.
- Bedanke dich bei deinem Körper, deinem Verstand und deiner Persönlichkeit dafür, dass sie es dir ermöglichen, Erfahrungen in diesem irdischen Leben zu sammeln. Bedanke dich auch dafür, dass es dir mit Spaß und Leichtigkeit gelingt, die heutige Wachauf!-Gabe spielend zu meistern.
- Bitte um Hilfe aus der geistigen Welt.
- Schreibe ausführlich in dein Danke-Buch, wofür du dankbar bist. Bedanke dich dabei gleichermaßen für Lebensumstände, die du schon hast wie für solche, die du gerne haben möchtest.
- Denke daran, dir im Laufe des Tages Zeit zum Meditieren zu reservieren.

Am Tag
- Entscheide dich heute ganz bewusst in allen Situationen deines Alltags dafür oder dagegen, etwas zu tun. Sage dann laut zu dir: »Ich will das tun!/Ich tue das jetzt!« oder eben »Ich will das nicht tun!/Ich tue das jetzt nicht!
- Nutze heute bewusst 21 Möglichkeiten für Ich-will/Ich-will-nicht-Entscheidungen.

Am Abend

- Nimm deinen Wach-auf!-Anker mit ins Bett und bedanke dich dafür, dass es dir mit Spaß und Leichtigkeit gelungen ist, die heutige Wach-auf!-Gabe in deinen Alltag zu integrieren.
- Platziere deinen Wach-auf-Anker dort, wo du ihn morgen früh gleich als Erstes erblickst.
- Lege als das ICH, das du bist, deinen wundervollen Körper zum Schlafen nieder.

15. WACH-AUF!-GABE: SCHAFFE KLARHEIT!

In der Klarheit steckt die Wahrheit.

»In der Klarheit steckt dir Wahrheit!«, sagte der Lebensberater, als ich ihn wegen meiner Tochter konsultierte, von der ich mich hin und wieder aus der Ruhe bringen ließ. »Drücken Sie in aller Kürze und Klarheit aus, was Sie wollen und ziehen Sie es konsequent durch – und wenn der Himmel über Ihnen zusammenbricht!« Er sagte es mir eindringlich, weil ich ihn gefragt hatte, was ich tun solle, wenn meine Tochter meinen Aufforderungen nicht nachkam und scheinbar absichtlich ihre Grenzen an mir testete. Bis dahin hatte ich mich ob des Verhaltens meiner Tochter oft machtlos gefühlt.

Das folgende Erlebnis im Badezimmer ein paar Tage später werde ich nie vergessen: Meine damals vielleicht 5-jährige Tochter ging trotz mehrfacher Aufforderungen nicht ins Bett. Solche Machtspiele kannte ich zu genüge, deshalb hatte ich den Berater ja aufgesucht. Ich hatte schon wie so oft mehrere Male von eins auf drei gezählt, um ihr damit zu zeigen, dass bei »drei« etwas passieren würde, wenn sie dann nicht verschwunden war. Wieder einmal stand sie bei »drei« immer noch im Bad und sah mich herausfordernd an. Mir platzte fast der Kragen, aber trotz der strudelnden Emotionen forderte ich sie klar und deutlich auf: »Ich zähle jetzt von eins bis drei und wenn du bei drei nicht im Bett bist, ziehe ich dich an den Haaren aus dem Badezimmer!« Ich bereute den Satz noch in demselben Augenblick, in dem ich ihn ausgesprochen hatte, denn ich hatte mir ganz fest vorgenommen, ab sofort alles, was ich androhte, konsequent durchzuziehen. Meine Tochter ließ sich ein allerletztes Mal darauf ein, danach brauchte ich nie wieder eine Drohung auszusprechen.

Und wenn der Himmel ...
Klarheit bedeutet, dass du dir deiner Ziele bewusst bist. Was willst du sagen, tun und erreichen? So viele Menschen vergeuden wertvolle Augenblicke mit »Soll ich ..., soll ich nicht ..., soll ich doch ... ?«, anstatt sich klarzumachen, *was* sie wollen, *was* sie nicht wollen, es dann auszusprechen und einfach zu machen oder sein zu lassen.
_ *Mach dir klar, was du willst, sprich es aus und tu es einfach!*
Denke es nicht kaputt!
Wenn du auf die eine Weise dein Ziel nicht erreichst, dann ändere deine Strategie. Vielleicht klappt es zu einem anderen Zeitpunkt oder mit einer anderen Einstellung oder anderen Hilfsmitteln.
_ *Ändere niemals dein Ziel!*
Wir stecken uns Ziele, weil sie Lebensqualität für uns beinhalten. Ziele sind der Treibstoff für unser Leben! Es fühlt sich schlecht an, die einmal mit Begeisterung gesteckten Ziele aufzugeben. Du kannst jedes Ziel erreichen, und die wichtigste Strategie dazu ist, Klarheit in deinem Leben zu schaffen. Das gilt auch für dein Erwachen: Wenn du dir vorgenommen hast, zu erwachen, dann ziehe

es durch und wenn der Himmel über dir zusammenbricht. Das bedeutet, dir im Klaren darüber zu sein, dass du jeden einzelnen Tag *aktiv* für eine hohe Schwingung in deinem Leben sorgen darfst. Du weißt genau, wie leicht deine Schwingung in der einen oder anderen provozierenden Situation in der Vergangenheit in den Keller gerutscht ist. Mach dir klar, dass deine Schwingung sinkt, wenn du dich bspw. auf das permanente Gejammer anderer Menschen einlässt und zustimmst oder gar mitjammerst. Das kannst du ganz leicht vermeiden, indem du Klarheit in deine Kommunikation bringst. Versuche nicht, Verständnis für ihr Opfer-Dasein zu entwickeln. Wir *alle* sind Schöpfer unserer Realität! Das bedeutet, dass jeder Mensch jede Situation nach seinen Wünschen ändern kann.

Wenn jemand klagt, dann hilfst du ihm wenig, wenn du dich auf seine Klage-Frequenz einlässt. Du kannst ihn aber inspirieren, indem du ihn durch das Leuchten deiner eigenen Freude oder Begeisterung oder deinen Optimismus auf eine höhere, lichtvolle Ebene anhebst! Deine Gefühle sind dabei immer der richtige Kompass für dich! Sie zeigen dir an, was sich gut anfühlt. Wenn du deine Freude auch in solchen Situationen bewahren kannst, leuchtet dein Licht hell und magnetisch und deine Liebe wirkt heilsam! Sobald du dich emotional belastet fühlst, nimmst du respektvoll Abstand und sorgst dafür, dass es dir schnell wieder gut geht. Du kümmerst dich um dich selbst, wer sonst?

_ *Kein Mensch will wirklich leiden. Du hilfst leidenden Menschen am meisten, wenn du für sie ein Leuchtturm bist.*

Leuchttürme laufen nicht herum, um ihr Licht anzubieten. Sie werden gesehen und ziehen magnetisch Menschen in ihr Umfeld, die erleuchtet werden wollen. Achte darauf, dass du deine hohe Schwingung bewahrst, dann bist du stets ein solcher Leuchtturm.

Unnötige Diskussionen

Deine hohe Schwingung bewahrst du dir, wenn du dich auf Provokationen und negative Implikationen nicht einlässt, sondern eine sinnvolle Strategie entwickelst, positiv darauf zu reagieren. Sobald du dauerhaft in der hohen Schwingung lebst, verschwinden alle Menschen und herausfordernden Situationen *automatisch* aus deinem Leben, weil sie nicht mehr zu deiner Schwingungsfrequenz passen. Bis dahin kannst du in deiner wundervollen Art dafür sorgen, allem, was dich provozieren oder deprimieren könnte, den Wind aus den Segeln zu nehmen. Es kommt aber darauf an, mit welcher Schwingung du das tust.

Wenn du dich bspw. rechtfertigst oder hinter Ausreden verschanzt, wird das eine niedrige Schwingung aussenden, welche direkten Einfluss auf deine und die Emotionen deines Gegenübers hat. Vielen Menschen ist diese Schwingung gar nicht bewusst, da sie daran gewöhnt sind, sich ständig gegen Vorwürfe zu verteidigen, um ihre Rechte zu streiten oder überhaupt ihr ganzes Tun und Denken zu begründen. Sie sind daran gewöhnt, gegen ... gewappnet zu sein, gegen ... anzukämpfen oder gegen ... zu wehren. Es gibt ein paar einfache Antworten, mit denen du aus dieser Defensive heraustrittst und in bestimmten Situationen eine Provokation oder ein Konfliktgespräch höflich und wertschätzend im Keim erstickst.

Angenommen, dein Arbeitgeber kommt aufgebracht zu dir und sagt mit lauter Stimme: »Sie haben ja das Schreiben an den Kunden in der Schweiz noch gar nicht fertig gemacht! Darum habe ich Sie doch schon vor zwei Tagen gebeten und Ihnen gesagt, dass es ganz dringend raus muss!« Nach deiner Erinnerung hat er nicht gesagt, dass es so dringend ist. Außerdem hat dir dein Chef auch noch viele andere Aufgaben gegeben und gesagt, das sei Priorität! Wenn du diese Argumente dagegenstellst, setzt du sehr wahrscheinlich eine niedrigschwingende Anschuldigungs- und

Rechtfertigungsspirale in Gang, denn dein Chef will ja weder ein Lügner sein noch einer, der nicht weiß, was er sagt. Mit der folgenden Antwort nimmst du ihm stattdessen jede Möglichkeit, dich weiter anzugreifen: »Ja, stimmt. Es tut mir leid. Ich hole das gleich nach.« Diese Antwort hat eine hohe Schwingung. Außerdem ist es ja möglich, dass dein Chef eine andere Erinnerung hat als du. Warum streiten?

Angenommen, du kommst wiederholt zum Essen zu spät und deine Ehefrau wirft dir vor: »Du bist schon wieder zu spät!« Natürlich kannst du jetzt sagen, dass du im Stau gestanden hast und dass die Bahnschranke geschlossen war, auch wenn es nicht so war. Das hat jedoch eine niedrige Schwingung, weil du dich damit aus der Affäre ziehst und deine Ehefrau natürlich merkt, dass du flunkerst. Stattdessen könntest du antworten: »Ja, stimmt. Es tut mir so leid, Schatz. Ab Morgen komme ich pünktlich zum Essen, versprochen!« Wahrscheinlich wird deine Ehefrau erwidern: »Das versprichst du jedes Mal!« Dann sagst du: »Ja, stimmt. Und dieses Mal ziehe ich es durch – und wenn der Himmel über mir zusammenbricht!«

Wenn dich jemand so sehr provoziert, dass du mit »Ja, stimmt« nicht weiterkommst, kannst du auch einfach zu dir selbst innerlich sagen: »Interessant!« oder »Das stimmt in deiner Welt«, ohne es laut auszusprechen.

_ *Mache dir klar, dass das Verhalten anderer Menschen im Augenblick immer ihre beste Option ist. Wüssten sie, dass sie damit ihre eigene Realität schaffen, würden sie sich anders verhalten.*

Außerdem werden alle Strategien irgendwann zu unserer Gewohnheit und unser Verstand delegiert sie nach einigen Wiederholungen zur automatischen Ausführung an unser Unterbewusstsein. Das gilt sowohl für nützliche als auch für weniger nützliche Strategien. Menschen haben bestimmte gewohnheitsmäßige Muster, die sie gar nicht bemerken. Selbst wenn es ihnen auffällt oder sie darauf hingewiesen werden, fällt es ihnen schwer, diese Muster zu überwinden – ob sie einen starken Willen haben oder nicht. Hierzu ein Beispiel:

Ein Seminar-Teilnehmer kam grundsätzlich zu jedem Kursbeginn zu spät. Schon am ersten Tag erschien er eine halbe Stunde zu spät im Seminarraum und war auch nach den Pausen nicht rechtzeitig da. Fassungslos schauten die anderen und ich zu, wie er sogar während der Kurszeit aufstand, in die Küche ging und sich einen Kaffee aus der Kaffeemaschine holte, was großen Lärm verursachte.

Da fiel mir ein, dass ich die Regeln zum Seminarablauf nicht klar kommuniziert hatte! Ich erinnerte mich auch an ein ähnliches Erlebnis zuvor. Eine Frau erschien morgens und nach der Mittagspause zu spät. Sie hatte schon bei ihrer Anmeldung angekündigt, dass sie sehr beschäftigt sei und an zwei Vormittagen nicht anwesend sein könne. Außerdem solle ich ihr nachsehen, wenn sie zwischendurch den Seminarraum verlasse, um ihre E-Mails zu checken.

Noch am selben Tag informierte ich meine Teilnehmer freundlich darüber, dass das Seminar pünktlich um 9:30 Uhr beginne und ich den Raum deshalb um 9:30 Uhr abschließen würde. Alle, die später kämen, würden zur ersten Pause um 11:00 Uhr Einlass finden. Ich stellte klar, dass ich es auch mit allen anderen Pausen so handhaben würde. Ich teilte außerdem mit, dass nur die Pausen zum Essen und Trinken vorgesehen seien und in dieser Zeit auch gerne gearbeitet werden dürfe, was ich allerdings nicht empfehlen würde. Die Teilnehmer hatten nun die Wahl und sie kannten die Konsequenz.

_ *In der Klarheit steckt die Wahrheit.*

Klare Ansage!

Um Klarheit zu trainieren, ist es ein guter Anfang, unnötiges Geplapper und destruktive Gedanken zu vermeiden. Was möchtest du heute mit welchen Handlungen und Aussagen erreichen? Du kannst dich deinem ICH-Sein am besten annähern, wenn du deine Gedanken beobachtest. Je *weniger* es sind, je leichter wird es. Bestimmt kennst du auch Menschen, die zu viel reden. Oft erzählen sie eine Geschichte nicht nur in allen Einzelheiten und detailliert, sondern wiederholen sie auch mehrfach, obwohl du diese Geschichte schon längst auswendig kennst. Du findest es vielleicht sogar verwunderlich, dass sie genau das nicht bemerken. Als ICH nimmst du alles um dich herum und in dir wahr. Natürlich kannst du – auch während du sprichst – als geübtes erwachtes Bewusstsein alles wahrnehmen und sogar »hören«, *was* du sagst. Dein ICH weiß also ganz genau, was du sagst und nimmt trotzdem alles andere wahr.

Um diese Kapazität der ICH-Wahrnehmung zu erreichen, hilft dir mehr Klarheit in deinen Aussagen. Reduziere die Essenz deiner Aussagen auf ein Minimum von Wörtern. Rede nicht viel drumherum, sage klar, worum es dir geht. Das erfordert ein wenig Übung, aber es lohnt sich! Konzentriere dich auf den Kern deiner Aussage beim Sprechen. Dadurch wirst du auch aufmerksamer und fokussierter, was wiederum dazu führt, dass du bewusster im Moment lebst und dadurch dein ICH erinnerst. Gehe dazu wie folgt vor:

Nimm dir bewusst die Dinge vor, die du heute erledigen willst. Wenn du möchtest, notiere sie zunächst in Stichworten. Dann formuliere daraus Sätze, die in aller Kürze nur die wesentliche Aussage enthalten. Mache dir bei jeder einzelnen Sache klar, was dein Ziel ist und bilde dann den Satz. Nimm dir vor, jedes so formulierte Ziel zu erreichen. Ein paar Beispiele:

Angenommen, du warst in der letzten Zeit öfter unpünktlich und willst zukünftig pünktlich sein: »Ab sofort bin ich zu Verabredungen 5 Minuten vor der vereinbarten Zeit am Treffpunkt.«

Angenommen, du willst Gewicht verlieren und hast dauernd über deinen Hunger hinaus gegessen: »Ab heute esse ich so viel, bis sich ein Sättigungsgefühl einstellt und richte mich danach, bis ich 60 kg wiege.«

Angenommen, du hast lange keinen Sport mehr getrieben und möchtest damit wieder anfangen: »Ich beginne morgen mein Sportprogramm und treibe 5-mal die Woche mindestens 30 Minuten lang im Wechsel Ausdauer- und Kraftsport.«

Verzichte heute auf jede Rechtfertigung und Begründung gegenüber Menschen, die deine Aussage bezweifeln und antworte auf die Frage, warum du dich für dieses Vorhaben entschieden hast, mit: »Weil ich es so will!/... mir vorgenommen habe/... es glaube/... es weiß!«

Jemand sagt dann bspw. weiter: »Du hast es doch das letzte halbe Jahr auch nicht geschafft, obwohl du es dir vorgenommen hast, wieso glaubst du denn, dass du es jetzt schaffst?« Du sagst einfach: »Weil ich es so will!«

Oder: »Ich glaube nicht, dass du es schaffst, pünktlich zu kommen, das ist einfach nicht deine Natur, warum sollte dir das ausgerechnet jetzt plötzlich gelingen?« Du sagst einfach: »Weil ich es mir fest vorgenommen habe!«

Oder: »Du versuchst schon seit 25 Jahren abzunehmen, das funktioniert doch sowieso nicht. Iss lieber, was dir schmeckt, dann hast du wenigstens gute Laune.« Dann sagst du lächelnd: »Ich ziehe das jetzt durch, weil ich weiß, dass ich es schaffe!« (... *und wenn der Himmel ...!*)

Mache dir jeweils klar, was du mit der Aussage erreichen möchtest und stehe dann dazu. Lass dich von den Reaktionen anderer Menschen nicht beeinflussen, sondern formuliere dein Ziel klar und auf seine Essenz reduziert, *bevor* du mit anderen Menschen darüber sprichst. Du wirst sehen:

_ *Es fühlt sich unglaublich stark an, zu deiner eigenen Aussage zu stehen! Es ist ein Bekenntnis zu dir selbst!*

Sobald du deine Aussage als bindenden Vertrag mit dir selbst gewertet hast, wird es dir ganz leichtfallen, dein Vorhaben konsequent durchzuziehen, egal was der Himmel tut. Die 15. Wachauf!-Gabe wird dir dabei helfen.

AUSFÜHRUNG

Am Morgen

- Nach dem Aufwachen – noch bevor du aufstehst – mache dir bewusst, dass du als ICH in deinen Tag startest.
- Bedanke dich bei deinem Körper, deinem Verstand und deiner Persönlichkeit dafür, dass sie es dir ermöglichen, Erfahrungen in diesem irdischen Leben zu sammeln. Bedanke dich auch dafür, dass es dir mit Spaß und Leichtigkeit gelingt, die heutige Wachauf!-Gabe spielend zu meistern.
- Bitte um Hilfe aus der geistigen Welt.
- Schreibe ausführlich in dein Danke-Buch, wofür du dankbar bist. Bedanke dich dabei gleichermaßen für Lebensumstände, die du schon hast wie für solche, die du gerne haben möchtest.
- Denke daran, dir im Laufe des Tages Zeit zum Meditieren zu reservieren.

Am Tag

- Reduziere heute jeden einzelnen Satz, den du aussprichst, auf seine Essenz, sodass er mit möglichst wenigen Wörtern den Sinn deiner Aussage klar ausdrückt. Wende diese Klarheit sowohl in der Kommunikation mit dir selbst als auch in Gesprächen mit anderen Menschen konsequent an.
- Sprich, denke oder schreibe heute mindestens 21 reduzierte Essenz-Sätze, die unmissverständlich deinen Willen ausdrücken.

- Steh heute und zukünftig zu jeder Aussage, die du dir und anderen gegenüber gemacht hast – nach dem Motto »In der Klarheit steckt die Wahrheit!«

Am Abend
- Nimm deinen Wach-auf!-Anker mit ins Bett und bedanke dich dafür, dass es dir mit Spaß und Leichtigkeit gelungen ist, die heutige Wach-auf!-Gabe in deinen Alltag zu integrieren.
- Platziere deinen Wach-auf-Anker dort, wo du ihn morgen früh gleich als Erstes erblickst.
- Lege als das ICH, das du bist, deinen wundervollen Körper zum Schlafen nieder.

16. WACH-AUF!-GABE: ERSCHAFFE DEINE WELT!

Deine Gedanken sind dein Zauberstab.

Stell dir nur einmal vor, du könntest alles haben, was du willst, und zwar auf einfachste Art und Weise und ganz ohne Anstrengung. Ganz gleich, ob es die perfekte Partnerschaft, das Traumhaus, ein Luxusauto, Gesundheit, Freunde, Abenteuer, ein perfekter Beruf, ein gefülltes Bankkonto, lebenslange Erfüllung, dauerhafter Erfolg oder Glückseligkeit auf Lebenszeit ist. Stell dir vor, es gäbe eine Macht, die alle deine Wünsche einfach wahr werden lässt, sobald du sie mit deinen Gedanken visualisierst und in deiner Vorstellungskraft erlebst. Was würdest du dir wünschen?

Erfolg ist kein Zufallsprodukt. »Bittet, um was ihr wollt, glaubt nur, dass ihr erhalten habt, und es wird euch werden.« (Markus

11:24) So steht es im Neuen Testament und genauso ist es auch. Deine Gedanken und Worte erschaffen Realität, deine Gefühle, deine Schwingung, alles, was du aussendest, wird wahr, meistens ist es dir aber nicht bewusst. Mit jedem *bewusst* erreichten Ziel erwachst du *mehr* zu dir selbst, denn dein ICH ist sich seiner manifestierenden Schöpferkraft immer bewusst. Dir stehen alle Werkzeuge zur Verfügung, um es selbst zu erleben, bspw. dein Zauberstab als wichtiger Teil deiner Expeditions-Ausrüstung. Er hilft dir dabei, mit deinen Gedanken das Paradies auf Erden zu manifestieren. Die wenigsten Menschen wissen, dass sie das können, deshalb gestalten sie ihre Lebensentwürfe so, dass sie alles andere als paradiesisch sind. Das ist sehr schade.

Es gibt zwei Wege, Erfolg zu erschaffen: Du kannst deinen Wünschen entweder mit deinem Verstand und deinen Gedanken nachjagen oder als reines Bewusstsein, als ICH, deren Erfüllung manifestieren. Der Unterschied zwischen diesen beiden Möglichkeiten ist wichtig, denn sie haben verschiedene Auswirkungen auf die Vollkommenheit deiner erlebten Realität.

_ *Dein Verstand erreicht nie Vollkommenheit, weil er nicht vollkommen ist. Dein ICH ist vollkommen, deshalb wirkt es auch vollkommen in deinem Leben und macht dich glückselig.*

»Bestellen« in 3 Schritten

In dem Wort »Erfolg« steckt bereits das ganze Geheimnis, wie du das Leben deiner Paradiesträume erschaffen kannst: Das, was du haben möchtest, ERFOLGT auf etwas. Es heißt nicht »erdiene«, »erhetze«, »erjage«, »erträume«, »erhartarbeite« oder »erkämpfe«. Es muss also etwas vorausgehen, auf das etwas ERFOLGEN kann. Erfolg ist somit eine Wirkung. Was ist die Ursache? Das Wort Ur-sache beschreibt ebenso treffend, was es ist: Die eine Sache, die erfolgen soll, darf zunächst im Ur-Zustand, also als Idee oder Vorstellung vorhanden sein, bevor sie dann real erfolgen kann. Erst wenn die Ur-sache gesetzt ist, kann und muss die Wirkung erfolgen. So funktioniert das Gesetz von Ursache und Wirkung. Im Klartext:

1. Schritt: Mach dir klar, *was* du konkret willst!
2. Schritt: *Erlebe* dich mit allen Sinnen in deinem erwünschten Erfolgszustand!
3. Schritt: Lebe voller Dankbarkeit in der *Gewissheit*, dass sich dein Wunsch schon erfüllt hat!

Wichtig ist, dass du immer diese 3 Schritte in genau dieser Reihenfolge absolvierst. Das gilt für jede Art von Wünschen, ob es um Gesundheit geht oder um die Verbesserung deiner finanziellen Verhältnisse, eine tolle Partnerschaft oder deinen Traumjob.

_ *Wenn du die richtige Ursache setzt, dann muss das Leben dir die entsprechende Wirkung liefern!*

Wenn diese Wirkung nicht erfolgt, dann liegt es immer daran, dass du nicht dir richtige Ursache gesetzt hast. Der Bauer betet schließlich auch nicht zu Gott: »Gib mir eine reiche Ernte, dann säe ich ein!« Er bringt zuerst die Saat aus und weiß, was dort wächst, auch wenn noch nichts zu sehen ist.

Schritt 1 zum Erfolg: Mach dir klar, was du willst!
Die meisten Menschen wissen ganz genau, was sie *nicht* wollen. Sie formulieren klar und in allen Einzelheiten die Szenarien, die sie belasten und die ihnen wehtun und merken nicht, dass sie mit ihrer vermehrten Aufmerksamkeit auf diesen Szenarien noch mehr davon erschaffen. »Wofür springst du morgens aus dem Bett?«, frage ich regelmäßig meine Seminarteilnehmer. Meistens haben sie darauf keine Antwort, weil sie sich noch keine Gedanken darüber gemacht haben. Das ändert sich meist innerhalb der ersten

Tage. »Wofür würdest du denn aus dem Bett springen, wenn du dir alles wünschen könntest?«, ist dann die nächste Frage, die die Fantasie meiner Teilnehmer anregen soll. Die Frau, die so lange überhaupt keinen Kontakt zu ihrer Tochter gehabt hatte, antwortete mir damals auf diese Frage: »Ich würde mir ein Lebenszeichen von meiner Tochter wünschen.« Ich sah sie kopfschüttelnd an. »Du würdest dir von der Fee also *ein* Lebenszeichen wünschen, wenn du dir *alles* wünschen könntest?«, fragte ich zurück. »Das ist doch nur ein Kompromiss, weil dein Verstand gerade nicht an mehr als ein einziges, winziges Lebenszeichen glauben kann.«

Wir können nur bekommen, was wir schon gedacht haben, was bedeutet, dass wir niemals über unsere Gedanken hinauswachsen werden, es sein denn, wir sind erwachtes Bewusstsein. Unser Verstand lernt im Laufe des Lebens, sich mit Kompromissen zufrieden zu geben und seine Erwartungen immer weiter einzuschränken, weil er glaubt, er habe es nicht verdient, die goldene Kugel abzuschießen.

_ *Mit einem Kompromiss bekommt niemand, was er will!*

»Für einen Kompromiss bringst du einfach nicht die gleiche Begeisterung auf wie für deinen Herzenswunsch!«, erklärte ich damals weiter. »Also: Wie wäre die Beziehung zu deiner Tochter in perfekt?« Die Frau brauchte einen kleinen Anlauf, denn sie konnte zu diesem Zeitpunkt absolut nicht daran glauben, dass sie jemals ein gutes Verhältnis zu ihrer Tochter haben könnte. Doch am Ende war sie sich im Klaren darüber, dass eine gute Mutter-Tochter-Beziehung nach ihrer Vorstellung beinhaltete, dass man vertrauensvoll private Informationen austauschte, gerne zusammen war, mehrmals wöchentlich Kontakt hatte, miteinander auf Konzerte oder zum Shoppen oder zum Spazieren ging und sich selbstverständlich liebte.

Es kann natürlich beim Finden deines Zieles helfen, zu wissen, was du nicht willst. Dann frage dich einfach: Wie wäre das perfekte

Gegenteil? Wenn du bspw. sagst, dass du nicht mehr krank sein willst, lautet das perfekte Gegenteil: »Ich bin voller Lebenskraft, gesund und vital und gehe mit Lebensfreude durch meinen Alltag.« Wenn du sagst, dass du den Job im Großraumbüro, wo dir dein Chef dauernd über die Schulter sieht, satt hast, lautet das perfekte Gegenteil: »Ich bin total happy in meinem Beruf und mag meinen tollen Chef, der mich voller Vertrauen eigenverantwortlich arbeiten lässt. Ich bin so glücklich über mein wunderschönes Büro, das ich für mich alleine habe.« Natürlich kannst du diese Wünsche auf unterschiedliche Weise formulieren.

Schritt 2 zum Erfolg: Erlebe dich mit allen Sinnen in deinem erwünschten Erfolgszustand!

Es reicht nicht aus, bloß einmal darüber nachzudenken, was du willst. Das Zauberwort heißt Begeisterung! Es wie bei einer Bestellung im Katalog: Wenn du ein Kleidungsstück oder etwas, das dir richtig gut gefällt, im Katalog gesehen hast, dann lässt es dich nicht los, bis du es bestellst. Wenn du es bestellt hast, dann freust du dich darauf, es schon zu haben. Bevor du es allerdings bestellt hast, hast du dir mehrere Male vorgestellt, wie du in dem Kleidungsstück aussiehst. Ohne diese Begeisterung darüber, wie gut du darin aussehen wirst, würdest du es dir nicht bestellen. Je größer das Bild in deinem Kopf ist, desto begeisterter bist du und desto schneller erfüllt sich dein Wunsch. Das ist Visualisierung![34] Genau so erschaffen meine Seminarteilnehmer, meine Familie und ich seit Jahren unser Traumleben.

Ich kann mich noch daran erinnern, wie meine mittlere Tochter im Alter von 15 Jahren den Wunsch äußerte, nach New York reisen

---

[34] Siehe dazu: Shakti Gawain: Stell dir vor – Kreativ visualisieren. Rowohlt Verlag 2004 Vgl. auch das Visualisieren beim Neuro-Linguistischen Programmieren (NLP).

zu wollen. Sie war total begeistert und konnte gar nicht mehr auf-
hören, davon zu sprechen. »Hast du einen Zeichenblock?«, fragte ich
sie. Sie nickte. »Du malst einfach mit all deiner Fantasie und Freude
ein großes Bild mit deinem Lieblingsziel in New York und hängst es
dort auf, wo du es oft siehst. Tu so, als ob du schon dort wärst, jeden
Tag aufs Neue.« Gesagt, getan. Es gelang ihr ganz leicht, sich in eine
Reise nach New York einzufühlen, denn sie beschäftigte dich dauernd
mit dem Bild, dann auch mit Reiseführern usw. Ihr Wunsch erfüllte
sich prompt in Kürze: Schon 8 Wochen, nachdem meine Tochter ihr
Bild von New York an unser Vision-Bord geheftet hatte, kam sie von
der Schule und berichtete mir ganz begeistert, dass eine Klassen-
kameradin Verwandte in New York habe. Sie sei aber noch nie dort
gewesen, weil sie Angst hatte, alleine zu fliegen. Du ahnst es bereits:
Sie flogen gemeinsam! Warum auch nicht, schließlich hatte meine
Tochter 8 Wochen lang begeistert von nichts anderem geredet und
damit ihren Zauberstab perfekt eingesetzt.

Schritt 3: Lebe voller Dankbarkeit in der Gewissheit, dass sich dein Wunsch schon erfüllt hat!

Wenn der Bauer sät, dann weiß er, was er ernten wird. Er hat keinen Zweifel daran und befürchtet auch nicht, dass etwas anderes
wachsen könnte. Er denkt nicht: »Oh je, jetzt habe ich Kartoffeln
gepflanzt, was, wenn es Tomaten werden oder gar nichts dabei
herauskommt? Er lenkt seine Aufmerksamkeit auf die anderen Aufgaben, die er hat, und jedes Mal, wenn er sein Feld sieht, freut er
sich, dass dort bald Kartoffeln wachsen. Er sieht es in der *Gewissheit*, dass es Kartoffeln werden und *erwartet* die entsprechende
Ernte. Und er ist dankbar, dass dort Kartoffeln wachsen, die seinen
Unterhalt für das nächste Jahr sichern werden. Er gibt nicht nach
einem Monat auf und bestellt das Feld neu, weil noch nichts zu
sehen ist. Er zweifelt nicht an der Saat!

Die erfolgreichste Strategie für Erfolg ist, dir des Erfolgsmomentes gewiss zu sein. Lebe so oft und so intensiv wie möglich in deiner Zielvorstellung und blende den Weg dorthin aus. Dein Verstand will sich Gedanken darüber machen, was deinen Erfolg unterwegs verhindern könnte, aber damit würde er genau diese Hindernisse anziehen. Beschäftige ihn deshalb lieber mit der Fülle der lebendigen Bilder von deiner Zielstation, dann kann er sich damit befassen, die paradiesische Gegend hinter der Ziellinie zu erkunden.

Auch wenn du übertrieben krampfhaft an der Erfüllung deines Zieles festhältst und den Erfolg hinter jeder Ecke suchst wie ein Kontrollfreak, erfüllt sich dein Wunsch nicht, denn jeder Zweifel setzt eine Ursache für Mangel und der steht im Widerspruch zu deinem Erfolg!

_ *Der perfekte Weg zum Erfolg ist, aus der Fülle in die Fülle zu denken und nicht aus dem Mangel in die Fülle.*

Das heißt, einfach so zu tun, als hätte sich dein Wunsch schon erfüllt. Auf diese Weise steht deinem Erfolg nichts mehr im Weg. Je höher du schwingst beim Genießen deiner imaginierten Ankunft am Ziel und in der Gewissheit darüber, es bereits erreicht zu haben, je schneller manifestiert er sich.

AUSFÜHRUNG

Am Morgen
- Nach dem Aufwachen – noch bevor du aufstehst – mache dir bewusst, dass du als ICH in deinen Tag startest.
- Bedanke dich bei deinem Körper, deinem Verstand und deiner Persönlichkeit dafür, dass sie es dir ermöglichen, Erfahrungen in diesem irdischen Leben zu sammeln. Bedanke dich auch dafür, dass es dir mit Spaß und Leichtigkeit gelingt, die heutige Wach-auf!-Gabe spielend zu meistern.

- Bitte um Hilfe aus der geistigen Welt.
- Schreibe ausführlich in dein Danke-Buch, wofür du dankbar bist. Bedanke dich dabei gleichermaßen für Lebensumstände, die du schon hast wie für solche, die du gerne haben möchtest.
- Denke daran, dir im Laufe des Tages Zeit zum Meditieren zu reservieren.

Am Tag
- Setze dir heute ein Ziel, dass du erreichen möchtest und manifestiere es auf folgende Weise:
- Schreibe dein Ziel im erfolgten Wunschzustand konkret auf.
- Visualisiere den erfolgten Wunschzustand, indem du ihn wiederholt vor deinem inneren Auge aufrufst und dich in diesem Zustand mit allen Sinnen und Gefühlen erlebst.
- Male dein Ziel im erfolgten Wunschzustand auf ein Blatt Papier und hänge es an eine Stelle, wo du es oft siehst.
- Schicke den Wunsch (wie eine Bestellung bei einem Warenhaus im Internet) einfach ans Universum und sei voller Dankbarkeit dafür, dass sich dein Erfolg bereits eingestellt hat – (auch wenn er noch nicht zu sehen ist).

Am Abend
- Nimm deinen Wach-auf!-Anker mit ins Bett und bedanke dich dafür, dass es dir mit Spaß und Leichtigkeit gelungen ist, die heutige Wach-auf!-Gabe in deinen Alltag zu integrieren.
- Platziere deinen Wach-auf-Anker dort, wo du ihn morgen früh gleich als Erstes erblickst.
- Lege als das ICH, das du bist, deinen wundervollen Körper zum Schlafen nieder.

17. WACH-AUF!-GABE: VERSETZE BERGE!

Jedem geschieht nach seinem Glauben.

»Der Glaube, der Berge versetzt, ist der Glaube an die eigene Macht«, so ein Zitat von Marie von Ebner-Eschenbach, das mir sehr gefällt. Wenn du zu deiner eigenen Macht erwachen willst, erfordert dies eine komplette Änderung deiner bisherigen Realität. Zunächst geht es darum, bereit zu sein, dich von der Vorstellung zu lösen, es gebe nur eine einzige Realität.

_ *Deine Realität besteht immer nur aus dem, was dein Verstand bisher für wahr genommen hat, also was du für wahr hältst. Daher kommt in deiner Realität nichts vor, woran du nicht glaubst.*

Das Wort »Realität« umschreibt nur den Status quo aller Erfahrungen deines Verstandes in deinem bisherigen aktuellen Leben. Was ein Mensch als realistisch versteht, ist demnach sehr subjektiv und zudem begrenzt auf die Dinge in seinem Leben, an die er glaubt. Ob du also daran glaubst, dass du etwas erreichen oder haben kannst oder eben nicht, entscheidet auch darüber, ob du es bekommst oder nicht. Das ist der Grund, warum die meisten Menschen nicht alles haben, was sie gerne hätten. Sie haben in ihrem Leben *gelernt*, daran zu glauben, dass es Einschränkungen, Schwierigkeiten, Widrigkeiten und Grenzen gibt und dass sie selbst vor allem nicht fähig genug, nicht klug genug oder nicht reich, schön, privilegiert, begünstigt, clever genug sind. Und sie bekommen, woran sie glauben, also nicht genug. So hat es Jesus ausgedrückt: »Es soll dir geschehen, wie du geglaubt hast.« (Matthäus 8:13) Ändere dein Glaubenssystem[35], damit du bekommst, was du willst.

---

[35] Christine Lassen: Das Geldbuch – für ein reiches Leben. L.E.T. Verlag 2016

Wenn du bis jetzt nicht daran geglaubt hast, glaube es ab jetzt! Bedenke, dass es großartige Erfindungen nur deshalb gibt, weil die Erfinder fest daran geglaubt haben, etwas erfinden zu können.

Du bekommst, was du glaubst

»Ob Sie glauben, dass Sie es können, oder ob Sie glauben, dass Sie es nicht können, Sie haben immer Recht!« Dieser Ausspruch stammt von Henry Ford. Mit der entsprechenden Kurzformel davon – Du bekommst, was du glaubst! – begann ich kürzlich eines meiner Webinare. Da lachte ein Teilnehmer ungläubig und sagte: »Na ja, alles kann man wohl nicht haben.« Seine Frau hatte ihn angemeldet, weil er angeblich so negativ dachte. »Was möchtest du denn gerne haben?«, fragte ich ihn. Er lachte wieder. »Ich wohne an einer dichtbefahrenen Straße, die als Dreißigerzone ausgezeichnet ist und auf der morgens Eltern ihre Kinder zur Schule bringen, mit völlig überhöhter Geschwindigkeit! Die Autos machen viel Lärm und Gestank, was uns sehr stört.« Einige der Webinar–Teilnehmer kannten mich schon und hatten schon mehrere Seminare besucht. Sie grinsten. Ich setze zur Antwort an: »Du glaubst gar nicht, was du alles erschaffen kannst! Wie hättest du es denn gerne?« Jetzt war der Mann sprachlos. Mit dieser Antwort hatte er nicht gerechnet. »Na, dass die Autofahrer langsamer fahren!«, gab er zurück. Das war mir noch nicht genug. »Wie viel langsamer? 0,1 km/h?«, scherzte ich. Er dachte nach. »Na ja, wenigstens etwas langsamer, vielleicht 40?« »Warum so bescheiden?«, fragte ich ihn. »Das ist doch eine Dreißigerzone. Wie würde denn die perfekte Bestellung lauten?« Wieder lachte er, diesmal schon etwas weniger bitter: »Dann würde ich mir bestellen, dass sie mit 20 km/h fahren und dabei total entspannt sind.« »Prima! Na dann, jetzt darfst du nur noch dran glauben, dann funktioniert es, gleich morgen.«

Ich forderte ihn auf, die 3 Schritte zu vollziehen: Aufschreiben. Erleben. Bedanken. Ich riet ihm außerdem, den Vätern, Müttern und Kindern in den Autos viel Frieden und Gelassenheit aus seinem Herzen zu schicken.

Am nächsten Abend sahen wir uns wieder im Webinar. Der Mann sah völlig verändert aus, er strahlte über das ganze Gesicht, als er uns erklärte, was passiert war: »Ich habe mich gestern Abend gleich in mein Bett gesetzt und ganz viel Frieden an alle Autofahrer geschickt, die heute früh am Fenster vorbeifahren würden, so wie du geraten hast. Meine Frau kam zwischendurch herein und fragte mich, was ich da tue. Sie machte ganz große Augen, als ich ihr erklärte, dass ich den Autofahrern Frieden schicke und mir vorstelle, wie sie langsam und entspannt mit 20 km/h den Berg hochfahren. Gestern lachte sie noch. Heute Morgen ging ich zum Einkaufen und als ich zurückkam, erwartete mich meine Frau mit einem ungläubigen Gesichtsausdruck. Sie fragte mich, was ich mit dem Autofahren gemacht hätte. Die müsste man anschieben, weil sie gefühlt noch nicht einmal 20 km/h erreichten.« Dann hätten sie gemeinsam den Anblick der langsam fahrenden Autos genossen und sich gefreut über die Tatsache, dass er zu seiner Schöpferkraft erwacht war.

Unmöglich und wahr:
So schnell kann sich unsere Realität verändern! Hier ein paar weitere »unglaubliche« Realitätsverzauberungen als Beispiele:
- Eine Gruppe in Kalifornien, die sich die »Baptist Fundamentalists« nennt, trifft sich regelmäßig, um Glaubensektasen zu zelebrieren. Während dieser Rituale glauben die Gruppenmitglieder, dass sie von Gott beschützt werden und lassen sich von Giftschlangen beißen oder trinken Strychnin, ohne sich zu verletzen oder zu sterben.

- Kartenlegen, Wahrsagen, Hellsehen, Prophezeien, Löffelverbiegen, Bestellen beim Universum: Wahrheit oder Lüge? Können Karten oder Steine die Zukunft voraussagen und Löffel wie Gummi verbogen werden? Ich bin mit einer Mutter aufgewachsen, die hellsehen konnte und die mit Kartenlegen ihr Geld verdiente. Sie wusste, wann wer sterben oder sich verletzen würde. Sie träumte wahre Gegebenheiten voraus und konnte Menschen deren Zukunft voraussagen. Ich habe einen Ehemann, der in wenigen Sekunden jeden Löffel ohne Kraftaufwand in einen Korkenzieher verwandeln kann. In meinen Teens-Kursen ist das Löffelverbiegen in der Tiefenentspannung an der Tagesordnung, (ich habe schon einen ganzen Karton voller Korkenzieher-Löffel).
- Es gibt auf Sri-Lanka und in Indien sogenannte »Palmblattbibliotheken«.[36] Menschen aus aller Welt reisen dorthin, um sich ihr Schicksal von einem Mönch aus einem (echten!) Palmblatt vorlesen zu lassen. Ich kenne ein Dutzend Seminarteilnehmer, die dort schon gewesen sind und bestätigt haben, dass ihr ganzes Leben exakt vorgetragen wurde.
- Anita Moorjani[37] erkrankte 2002 an Krebs und wurde 2006 mit etlichen zitronengroßen Krebstumoren im ganzen Körper zum Sterben ins Krankenhaus gebracht. Sie hatte ein Nahtoderlebnis und entschied sich in derselben Nacht, in ihren Körper zurückzukehren und wusste, dass ihr Körper heilen würde. Innerhalb von zwei Wochen verschwanden aus ihrem Körper alle Krebszellen und alle Symptome.

---

[36] Wulfing von Rohr: Geheimnisvolle Palmblätter – Ist unser Leben Schicksal oder freier Wille? BoD 2021. Christoph Unterhuber: Das Orakel der Palmblatt-Bibliothek – Eine philosophisch-spirituelle Weltreise. Tradition 2020

[37] Anita Moorjani: Heilung im Licht – Wie ich durch eine Nahtoderfahrung den Krebs besiegte und neu geboren wurde. Arkana Verlag 2012

- Anke Evertz[38] wurde bei einem Feuer schwer verletzt und lag 9 Tage im Koma. Sie beschreibt in ihrem Buch, was sie im Jenseits erlebt hat und dass sie mit einem völlig neuen Verständnis der Existenz zurückgekehrt sei. Ihre schlimmsten Brandverletzungen heilten auf wundersame Weise innerhalb von kürzester Zeit.
- Der US-amerikanische Neurochirurg Alexander Eben verlor aufgrund einer Meningitis die Funktionsfähigkeit von Gehirnarealen, die für Erinnerungen zuständig sind. Große Teile seines Neocortex wurden irreversibel geschädigt. In seinem Bestsellers »Blick in die Ewigkeit«[39] beschreibt er seine Nahtoderfahrung aus dem Jahr 2008 und behauptet, sein Fall belege eindeutig, dass ICH-bewusste Erfahrungen nicht zwingend an die Funktion des Cortex gebunden seien und es anders geartete Existenzbereiche gebe, die außerhalb der natürlichen Wahrnehmungen liegen. Trotz der Folgen seiner Erkrankung hatte der Arzt sein Erinnerungsvermögen behalten, was aus medizinischer Sicht immer noch unerklärbar ist.
- Dr. Alex Loyd spricht in seinem Buch »The Love Principle« davon, dass unser Bewusstsein weit über unser Gehirn hinauswirkt. In diesem Zusammenhang ist auch die Geschichte einer Frau in New-England interessant, den der Biologe Bruce Lipton[40] in seinem Buch präsentiert. Die Frau verhielt sich nach einer Herz-Lungen-Transplantation plötzlich völlig anders als zuvor und entwickelte absurde Vorlieben für Bier, Brathähnchen und Motorräder. Nachforschungen ergaben, dass der verstorbene Organspender ein junger Mann mit genau diesen Vorlieben gewesen war.

---

[38] Anke Evertz: Neun Tage Unendlichkeit – Was mir im Jenseits über das Bewusstsein, die körperliche Existenz und den Sinn des Lebens gezeigt wurde. Ansata Verlag 2019

[39] Alexander Eben: Blick in die Ewigkeit. Heyne Verlag 2016

[40] Bruce Lipton: Intelligente Zellen – Wie Erfahrungen unsere Gene steuern. Koha Verlag 2016

- Etwa ein Drittel aller Heilungen beruhen auf dem Placebo Effekt, und zwar nicht nur Personen betreffend, die mit Placebo-Medikamenten behandelt wurden, sondern auch Personen, die sich chirurgischen Placebo-Eingriffen unterzogen hatten. Joe Dispenza[41] hat unzählige Fälle recherchiert, in denen Menschen aufgrund ihres Glaubens an die Erfolge nach chirurgischen Eingriffen oder die Wirkung von Tabletten ohne Wirkungsstoffe gesund geworden sind. Die meisten Untersuchungen sind im Rahmen von Doppel-Blindstudien erfolgt.
- Vergleichbare Wirkungen sind auch belegt bei sogenannten Nocebos. Bruce Lipton schildert bspw., dass ein Patient, dem der Arzt Speiseröhrenkrebs diagnostiziert und nur noch eine dreimonatige Lebensdauer in Aussicht gestellt hatte, drei Monate später verstarb. Eine Obduktion des Patienten ergab jedoch, dass er gar keine Krebserkrankung der Speiseröhre gehabt hatte und daher auch nicht daran gestorben war, sondern lediglich einen harmloseren, operablen Darmkrebs, der sich allerdings nicht als die Todesursache herausstellte.

Wahrheit oder Lüge?

Du glaubst das nicht? Die meisten Menschen glauben blind, was sie in der Zeitung lesen, in den Nachrichten hören oder im Fernsehen sehen. Je schlimmer eine Nachricht, je eher glauben sie daran. Hast du dich jemals gefragt, ob das alles wahr ist? Alles, was du als wahr in dein Glaubenssystem übernimmst, wird zu deinem selbsterfüllenden Lebensprogramm! Frage dich einmal, ob du all das, was du glaubst – Meinungen anderer, Informationen in den Medien usw. – wirklich in deinem Leben haben willst? Es geht nicht darum,

---

41 Joe Dispenza: Du bist das Placebo – Bewusstsein wird Materie. Koha verlag 2014

alles infrage zu stellen oder für die Wahrheit zu plädieren. Es geht darum, dass du verstehst, dass du Einfluss auf deine Realität hast und dass du diese Realität in jedem einzelnen Moment in deinem Leben selbst erschaffst, ob du willst oder nicht – mit deinen Gedanken! Und du denkst nur, was jetzt gerade »deiner Wahrheit« entspricht. Deine Wahrheit ist wiederum dein Leben, wie es sich von morgens bis abends abspielt und wie du es erfährst.

_ *Wenn du alles, womit du im Außen konfrontiert wirst, als deine Wahrheit übernimmst, dann manifestierst du augenblicklich genau diese Wahrheit.*

Es gibt Untersuchungen darüber, wie Lügengeschichten auf Menschen wirken, die sie selbst immer wieder erzählen. Tests ergaben, dass diese Menschen nach einer gewissen Zeit selbst an ihre Lügengeschichten *glauben* und damit die Manifestation der gelogenen Story in Gang setzen. Noch einmal: selbsterfüllende Prophezeiung! Schalte heute den ganzen Tag lang den Fernseher nicht ein, hör keine Nachrichten und lies keine Zeitung (auch nicht im Internet!). Mache dir stattdessen heute 21-mal Gedanken darüber, wie deine heile Welt aussehen könnte und tu so, als wäre sie schon Realität. Erzähl mir dann bitte morgen, wie dein Leben aussieht.

Wir sehen mit unseren physischen Augen nur 8 % von allem, was tatsächlich existiert. Ich frage mich, was sehen – oder besser gesagt nehmen wir alles *nicht* wahr, vor allem in Bezug auf die überdimensionalen Bereiche? Nach den Beschreibungen der heute 21-jährigen Schweizerin Christina von Dreien, die mit ihrer medialen Kompetenz bekannt geworden ist, eröffnet sich uns gegenwärtig eine ganz neue Perspektive, aus der wir die Wirklichkeit in Sciencefiction-Qualität sehen und das »alte« Leben in der dritten Dimension lediglich als eine Ausnahme erkennen. Es macht Sinn, sich mit all den Wundern zu beschäftigen, die tagein, tagaus geschehen, um die begrenzenden Vorstellungen unseres Verstandes zu übersteigen. Denn erst unser Glaube macht eine Ausdehnung unserer Realität möglich.

_ *Alles ist möglich, es sei denn, wir begrenzen alles durch unseren Glauben.*

Befreie dich von allen Einschränkungen deines Glaubens und nimm dir heute vor, einfach an alles zu glauben, was du willst. Tu einfach mal so, als sei alles möglich, was du dir wünschst. Fange mit kleinen Dingen an und »bestelle«[42] dir beim Universum einen freien Parkplatz oder dass du 5 Euro auf der Straße findest, gut gelaunte Kinder, aufgeräumte Zimmer, dass ein Freund sich meldet, irgendetwas, womit du deinen Glaubensmuskel trainieren kannst. Du kannst wirklich alles mit der Kraft deines Glaubens erreichen, sogar Berge versetzen.

AUSFÜHRUNG

Am Morgen
- Nach dem Aufwachen – noch bevor du aufstehst – mache dir bewusst, dass du als ICH in deinen Tag startest.
- Bedanke dich bei deinem Körper, deinem Verstand und deiner Persönlichkeit dafür, dass sie es dir ermöglichen, Erfahrungen in diesem irdischen Leben zu sammeln. Bedanke dich auch dafür, dass es dir mit Spaß und Leichtigkeit gelingt, die heutige Wach-auf!-Gabe spielend zu meistern.
- Bitte um Hilfe aus der geistigen Welt.
- Schreibe ausführlich in dein Danke-Buch, wofür du dankbar bist. Bedanke dich dabei gleichermaßen für Lebensumstände, die du schon hast wie für solche, die du gerne haben möchtest.

---

[42] Siehe dazu den Klassiker: Bärbel Mohr: Bestellungen beim Universum – Ein Handbuch zur Wunscherfüllung. Omega Verlag 2016

- Denke daran, dir im Laufe des Tages Zeit zum Meditieren zu reservieren.

Am Tag

- Heute trainierst du deinen Glauben wie einen starken Muskel. Lass keine Einschränkungen gelten und halte einfach alles für möglich, was du dir wünschst. Ziehe nichts in Zweifel, urteile und werte nicht und betrachte jede Idee völlig neutral. Tu einfach so, als seien alle deine Träume wahr.
- Erweitere heute deine Glaubensgrenzen, indem du dir einen Wunsch »beim Universum bestellst«, den du für möglich hältst. Z. B. bestellst du dir, eine grüne Welle zu fahren oder dass irgendwo ein leckeres Essen auf dich wartet.
- Setze diese Übung auch in der Zukunft weiter fort. Sobald ein »Berg versetzt« ist, steigerst du deine Wünsche, z. B. Blumen geschenkt zu bekommen oder eine wichtige Zusage zu erhalten. Glaube ganz fest daran, dass sich deine Ziele ganz leicht realisieren.
- Halte am heutigen Tag 21-mal alles für möglich.

Am Abend

- Nimm deinen Wach-auf!-Anker mit ins Bett und bedanke dich dafür, dass es dir mit Spaß und Leichtigkeit gelungen ist, die heutige Wach-auf!-Gabe in deinen Alltag zu integrieren.
- Platziere deinen Wach-auf-Anker dort, wo du ihn morgen früh gleich als Erstes erblickst.
- Lege als das ICH, das du bist, deinen wundervollen Körper zum Schlafen nieder.

18. WACH-AUF!-GABE: EMPFANGE DIE ANTWORTEN!

Du brauchst kein Internet mehr, wenn du das Universum fragst.

Ich erinnere mich an ein ganz besonderes Ereignis vor ein paar Jahren mit einem jungen Fliesenleger, der bei uns die Bäder renovierte. Am zweiten Tag fragte er mich plötzlich aus dem Blauen heraus: »Glaubst du auch an das Universum?« Die Frage war so allgemein gestellt, dass ich im ersten Augenblick gar nichts damit anfangen konnte. Ich sah ihn an und fragte ihn: »Was meinst du damit?« Da er mich duzte, duzte ich ihn einfach zurück. Er sah mich an, grinste und erklärte: »Ich brauche kein Internet. Es ist doch alles im Feld. Wenn ich eine Antwort auf eine Frage haben will, dann falte ich meine Hände, schließe meine Augen, verbinde mich mit der Allmacht, stelle meine Gedanken ab und lade aus dem Raum hinter den Gedanken die Antwort runter. Es ist wie Internet, Internet ist dort draußen, wir müssen uns nur einloggen! Ich habe noch nie Internet gebraucht, ich downloade alles aus dem Feld, seit meinem siebten Lebensjahr.« Da mir die Kinnlade runterfiel, strahlte er mich an und freute sich, einen Fan gefunden zu haben. Ich war schlichtweg fasziniert von seinem Selbstverständnis.

Ein paar Wochen später saß ich mit meinem Mann und einer Gruppe junger Männer auf einem Segelboot und wir warteten auf dem spiegelglatten Bodensee auf Wind. Wir hatten als Gruppe die letzte Segelstunde vor der Segelprüfung. Einige Tage zuvor hatten wir für die gleichfalls anstehende Hochrhein-Prüfung mit dem Motorboot geübt, eine Zusatzprüfung zum Bodensee-Schiffer-Patent, die das Fahren auf dem Hochrhein prüft. Ob unserer Langeweile unterhielten wir uns über die Bezeichnungen der Wiffe (Schifffahrtszeichen für die Binnenschifffahrt) auf dem Hochrhein. Wir hingen bei der Bezeichnung der ersten Wiffe fest. Es war wie verhext. Keinem von uns fiel der Name ein, obwohl wir sie alle auswendig gelernt hatten für die Prüfung und vor Kurzem noch aus dem FF aufsagen konnten. Selbst das Gedächtnis unserer Bootsschulen-Besitzerin war blockiert. Nach Stunden gaben wir auf und vergaßen dann am Abend, wonach wir solange gesucht hatten.

Am nächsten Morgen erinnerte ich mich beim Joggen an das Dilemma am vorangegangenen Nachmittag und an die Worte des jungen Fliesenlegers: Gedanken abstellen, verbinden, auf die Antwort fokussieren und die Antwort aus dem Raum hinter den Gedanken runterladen. In dem Augenblick, als ich für den Bruchteil einer Sekunde meine Gedanken abstellte, fiel es mir wieder ein: »Wuhrerstein«. Ich war so perplex, dass ich stehen blieb. Die Antwort kam so schnell und klar, als ob ich sie wirklich im Internet heruntergeladen hätte. Ich konnte es kaum fassen, dass »Internet« so einfach sein konnte.

Das Informationsfeld

Wir »zapfen« das Allbewusstsein mit allen Informationen – die je gedacht, gefühlt, erfunden wurden oder potenziell möglich sind – an, wenn wir unsere analysierende linke Gehirnhälfte kurz anhalten, die Leitung freimachen und der rechten Gehirnhälfte (ICH) die Chance geben, zu »liefern«. Inzwischen mache ich das täglich und freue mich bei jeder mir einfallenden Antwort über das Wunder, das ICH bin.

Wenn Menschen denken, grübeln, sich Sorgen machen, ihre Gedanken also ständig aktiv sind, dann sind sie mit ihrer linken Gehirnhälfte verbunden. Dort werden eintreffende Informationen seriell verarbeitet. Die Verarbeitung läuft mit einer Geschwindigkeit von bis zu 40 Bit[43] pro Sekunde ab, was aus technischer Sicht extrem langsam ist. Gleichzeitig stehen rund 30 Millionen Bit Information zum Empfang und zur Verarbeitung bereit. Was geschieht nun mit den 29.999 960 Bit, die nicht in dieser Sekunde vom Wachbewusstsein, also vom Versand, verarbeitet werden können? Ein Teil davon wird mehr oder weniger unbewusst mit der rechten Hirnhälfte aufgenommen und verarbeitet. Dieser Teil des Gehirns ist in der Lage, regelrechte Datenblöcke mit einem Informationsgehalt von 15 Billionen Bit pro Sekunde(!) aufzunehmen. Die rechte Hirnhälfte ist darüber hinaus zuständig für das Künstlerische, Abstrakte, Musische, Soziale und Sprachliche.

In der westlichen Welt sind wir meist kopflastig. Das bedeutet, dass vorwiegend der Einsatz unserer linken Gehirnhälfte unser Leben dominiert, obwohl sie im Verhältnis zur rechten Gehirnhälfte nur einen Bruchteil aufnehmen und verarbeiten kann. Dein ICH erreichst du über die rechte Gehirnhälfte, indem du den Gedankenvorhang beiseiteschiebst. Es ist immer da, doch solange wir denken, ist die Leitung besetzt. Das Informationsfeld des Allbewusstseins erreichst du über die rechte Gehirnhälfte. Die rechte Gehirnhälfte hat ein anderes Bewusstsein als die linke: Mit der rechten Gehirnhälfte gestaltest du dein Leben in der Gegenwart. Du erlebst die Realität deines Alltags über deine Sinnesorgane, wobei du alle Informationen als gleichzeitige Energieströme über dein Körperempfinden wahrnimmst. In der rechten Gehirnhälfte ist es währenddessen still und friedlich. Hier gibt es keine Sorgen, du fühlst dich entspannt und leicht im Körper. Mit deiner rechten Gehirnhälfte kannst du dich auch selbst beobachten und die Dinge

---

[43] Ein Bit ist eine Standardeinheit, die zur Messung von Informationen oder Daten in der computergestützten und digitalen Kommunikation verwendet wird.

frei von Bewertung sehen. Hier bist du eine Einheit mit allem, was ist. Du tauchst in das Gefühl unendlicher Freude ein.

_ *Je mehr du deine rechte Gehirnhälfte aktivierst und nutzt, je mehr Freude, Erfüllung und Selbstliebe erfährst du und je schneller erwachst du zu dir selbst.*

Jedes Mal, wenn du auf dein (Bauch-)Gefühl hörst und danach handelst, downloadest du unbewusst Informationen im »morphischen Feld«[44], du nimmst also *außersinnlich* wahr. So ist es möglich, zu gezielten Fragen entsprechende Bilder und Emotionen als Antworten zu »empfangen«. Da beide Gehirnhälften gleich wichtig sind, arbeiten sie am besten gemeinsam. Das bedeutet, dass wir bei einer Gleichschaltung beider Gehirnhälften den gewünschten Informationskanal – die Intuition – abrufen können. Wie geht das praktisch? Durch Entspannung! Denn sobald der Mensch Stress verspürt, kommt es zu einem Hemisphären-Zusammenbruch und die linke Gehirnhälfte dominiert. Die Hemisphären-Harmonisierung bietet uns einen Zugang zum universellen Informationsspeicher jenseits von Raum und Zeit – wenn wir bspw. tagträumen, wenn wir entspannt laufen oder einem Hobby nachgehen, also immer, wenn wir die Zeit vergessen oder wo wir gerade sind. Wenn wir glücklich sind!

Christina von Dreien prognostiziert den Download aus dem universellen Energiefeld für die nahe Zukunft.[45] Das Internet und alle digitalen Technologien, wie Smartphones oder Tablets, sind demnach nur gegenwärtige provisorische Hilfsmittel, damit wir uns

---

[44] Siehe dazu: Ervin Laszlo: Der Akasha-Code – Wie das kosmische Bewusstseinsfeld uns beeinflusst. Via Nova Verlag 2010. Gregg Braden: Im Einklang mit der göttlichen Matrix – Wie wir mit Allem verbunden sind. Koha 2007

[45] Christina von Dreien: Die Vision des Guten. Govinda Verlag 2018

schon einmal daran gewöhnen, dass wir bald jederzeit und überall beliebige Informationen erhalten können. Oh Gott, ich freue mich so auf das Leben in der 5. Bewusstseinsdimension! Wie einfach dann alles ist!

Der Download

Du kannst tatsächlich alle Antworten »online« im »Feld« abrufen. Es funktioniert sehr zuverlässig. Je länger du übst, je leichter wirst du den Zugang zu den Informationen finden. Es geht dabei natürlich nicht darum, das Universum zu testen, ob es funktioniert, einfach so, um einen Beweis zu haben. Dann funktioniert es nicht. Wenn du es ernst meinst und ehrlich nach einer Antwort suchst, wird es dir gelingen. Von Fragen und Antworten einmal abgesehen, geht es aber um eine Möglichkeit, deine Realität spielend leicht in der gewünschten Weise zu erschaffen. Du bist immer online! Du kannst gar nicht anders. Das Problem vieler Menschen ist nur, dass sie unbewusst »online« sind und damit »Seiten im Internet« aufrufen, die ihnen gar keinen Spaß machen. Meistens sind es die »Seiten«, die ihnen Angst machen oder sie fürchterlich ärgern. Du weißt ja schon, dass sie dadurch immer mehr davon erschaffen und es nicht bemerken.

Frage dich zuerst: »Was will ich wissen?« Halte deine Gedanken an, um die Leitung frei zu machen. Als nächstes richtest du deine Aufmerksamkeit in Form einer Absicht auf die Antwort. Lass deinen Verstand einfach los (schicke ihn in den Urlaub) und verweile in der Gelassenheit und Gewissheit, dass die Einfälle *automatisch* zu dir kommen. Du findest jede Antwort in deinem ICH. Du brauchst nur etwas Übung.

AUSFÜHRUNG

Am Morgen

- Nach dem Aufwachen – noch bevor du aufstehst – mache dir bewusst, dass du als ICH in deinen Tag startest.
- Bedanke dich bei deinem Körper, deinem Verstand und deiner Persönlichkeit dafür, dass sie es dir ermöglichen, Erfahrungen in diesem irdischen Leben zu sammeln. Bedanke dich auch dafür, dass es dir mit Spaß und Leichtigkeit gelingt, die heutige Wach-auf!-Gabe spielend zu meistern.
- Bitte um Hilfe aus der geistigen Welt.
- Schreibe ausführlich in dein Danke-Buch, wofür du dankbar bist. Bedanke dich dabei gleichermaßen für Lebensumstände, die du schon hast wie für solche, die du gerne haben möchtest.
- Denke daran, dir im Laufe des Tages Zeit zum Meditieren zu reservieren.

Am Tag

- Mache dir heute bewusst, welche Fragen du an das Informationsfeld hast.
- Richte dein Bewusstsein ohne Erwartungshaltung auf die Antwort.
- Schiebe den Gedankenvorhang bewusst beiseite und konzentriere dich auf die Stille zwischen den Gedanken.
- Lass deinen Verstand/alle Widerstände los und sei einfach in diesem Augenblick.
- Empfange die Antwort. Sie kommt intuitiv und erscheint sofort.
- Wiederhole den Vorgang mit 21 Fragen.

Am Abend

- Nimm deinen Wach-auf!-Anker mit ins Bett und bedanke dich dafür, dass es dir mit Spaß und Leichtigkeit gelungen ist, die heutige Wach-auf!-Gabe in deinen Alltag zu integrieren.
- Platziere deinen Wach-auf-Anker dort, wo du ihn morgen früh gleich als Erstes erblickst.
- Lege als das ICH, das du bist, deinen wundervollen Körper zum Schlafen nieder.

19. WACH-AUF!-GABE: PRODUZIERE FÜLLE!

Dein ICH kennt keine Mangelgefühle.

Aus meinen Seminaren weiß ich, dass viele Menschen ein negativ geprägtes Verhältnis zu Geld haben. Sie würden gerne mehr davon haben, doch statt Fülle zu generieren, halten sie den Reichtum mit ihren Mangelgefühlen automatisch fern von sich und verstehen obendrein nicht, warum sie dauernd Mangel in ihr Leben ziehen. Da sich das Vermehren von Vollkommenheit, Liebe und Fülle wunderbar am Geld[46] üben lässt und wir täglich mehrmals mit Geld zu tun haben, widme ich diesem Kapitel einige Abschnitte mehr. Alle Techniken in Bezug auf das Erschaffen von Geld gelten gleichermaßen für Fülle in allen anderen Lebensbereichen, sodass du die

---

[46] Christine Lassen: Das Geldbuch – für ein reiches Leben. L.E.T. Verlag 2016. Esther und Jerry Hicks: The Law of Attraction – Reich mit dem Gesetz der Anziehung. Allegria Verlag 2010. Napoleon Hill: Denke nach und werde reich – Die 13 Gesetze des Erfolgs. Ariston 2006

hier genannten Grundsätze auf alle deine Wünsche anwenden kannst – etwa den perfekten Partner, den Superjob oder auch jede Menge Zeit für dich!

Ein ICH kennt keine Mangelgefühle, es ist in seinem Ur-Zustand Fülle. Diese Fülle schließt natürlich auch den finanziellen Reichtum ein ebenso wie Liebe oder Gesundheit. Dieser Tatsache scheint vieles zu widersprechen, was Menschen in ihrer Begrenztheit glauben, bspw. die Überzeugung: »Lieber gesund als reich!« Dieser Satz ist oft nur eine Ausrede, wenn jemand wenig Geld hat, aber gesund ist. Wie gesagt: Fülle meint alles. Sobald wir einzelne Komponenten, wie Gesundheit oder Partnerschaft, herausnehmen, verwandelt Fülle sich in Mangel. Die Frage ist: Warum solltest du nicht reich UND gesund sein dürfen? Warum solltest du nicht reich UND gesund UND überglücklich liiert sein? UND einen Traumjob haben?

_ *Fülle ist das Paradies auf Erden in allen Lebensbereichen. Es bedeutet Vollkommenheit in der Partnerschaft, im Beruf, in der Selbstverwirklichung, Glückseligkeit, Vitalität, Kreativität, im Wohlstand und und und.*

Apropos, Wohlstand bedeutet insgesamt »wohl zu stehen«, nicht nur im finanziellen Bereich. Das erklärt auch, warum manche Menschen, die über vergleichsweise viele Geldmittel verfügen, nicht automatisch auch glücklich sind im Leben. Die meisten Menschen strahlen in irgendeinem Lebensbereich Mangel aus und ziehen daher Mangel im Allgemeinen an. Leider ist das gar nicht selten. In Deutschland leiden eine Menge Menschen unter Existenzangst, obwohl alle ein Dach über dem Kopf, eine schulische Ausbildung und Geld oder den Zugang zu Nahrung und Trinkwasser haben. Sie alle könnten ihren Zauberstab nutzen, um in ganzheitlicher Fülle zu leben. Doch Angst ist Mangel und Mangel hält Fülle fern. Genauso vermeiden Neid, Geiz, übertriebene

Sparsamkeit, Missgunst und Eifersucht kategorisch die Fülle im Leben der Menschen, die so empfinden.

Fülle kannst du über deinen Verstand oder über dein ICH-Bewusstsein erschaffen. Solange du noch nicht ganz oder nur sporadisch erwacht bist, nimmst du deinen Verstand für die in diesem Kapitel dargestellten 4 Schritte einfach zur Hilfe, um Fülle zu produzieren. Mit den hier dargelegten Techniken produzierst du buchstäblich GELD.

4 Schritte zur Fülle

Behandelst du Geld wie deinen besten Freund? Wenn ich Menschen frage, welche Gefühle sie mit Geld verbinden, dann antworten sie meistens, dass sie Geld lieben. Ich sehe jedoch ihre Liebe zum Geld nicht. Sie stopfen achtlos ihr Geld in ihren Geldbeutel oder ihre Hosentasche, wo sie es zwischen Kassenzetteln und Notizen ersticken und kaum wiederfinden, wenn sie es suchen. Sie nehmen es wort- und grußlos entgegen und verabschieden es nicht, wenn sie es verknüllt mit Eselsohren wieder aus der Hand geben. Münzen zählen nicht, das sind ja nur ein paar »Kröten«. Sie geben ihrem Geld Spitznamen wie »Kohle« oder »Mäuse«, »Zaster« oder »Scheine«. Sie liebkosen es nicht, zählen es nicht achtsam und stolz, geben ihm kein schönes Zuhause, besuchen es nicht und schauen nicht nach, ob es noch da ist oder sich vermehrt hat. Sie bauen überhaupt keine Beziehung zu ihrem Geld auf. Sie behandeln ihr Geld wie ihren schlimmsten Feind, würdigen es keines Blickes und ignorieren es gänzlich, nehmen es einfach nicht zur Kenntnis, selbst wenn sie es in den Händen halten. Aber sie befürchten rund um die Uhr, dass ihnen das Geld ausgeht! Wie grotesk!

Frage dich einmal ehrlich, was du über deine finanzielle Situation und über Geld denkst? Mache dir klar, dass du Geld abweist, wenn du es mit einem schlechten Gefühl verbindest. Dann wird es niemals bei dir bleiben, weil es sich bei dir nicht »wohlfühlt«. Selbst wenn du zusätzliches Geld bekommst, mit dem du nicht gerechnet hast, wird es dir im Nu durch die Finger rinnen. Es kommen größere Rechnungen ins Haus, Dinge gehen kaputt, irgendetwas Unvorhergesehenes passiert. Auch Wünsche wie »Ich hätte gerne mehr Geld, damit ich meinen Kindern einen Besuch im Europa-Park ermöglichen kann« sind Mangelwünsche.

_ *Wer aus dem Mangel in die Fülle bestellt, zieht Mangel an.*

1. Schritt: Behandle Geld wie deinen besten Freund!

- Schaff dir einen neuen Reichtums-Geldbeutel an und halte immer Ordnung darin. Gib deinem Geld darin einen Logenplatz. Sortiere Geldscheine stringent nach ihrer Reichtums-Seite (z. B. mit dem Währungszeichen in eine bestimmte Richtung) und ziehe sie glatt. Platziere Kredit- und EC-Karten mit dem Namen lesbar nach vorne (Reichtums-Seite) in die Fächer ein.
- Begrüße Geldmünzen und -scheine, wenn sie zu dir kommen und bedanke dich für sie, fasse sie gerne an und freue dich über sie.
- Verabschiede dein Geld mit den Worten oder Gedanken (wenigstens gemurmelt!): »Danke, dass du bei mir warst. Ich wünsche dir alles Gute und dass du 20-fach zu mir und der Person, bei der du jetzt bist, zurückkommst.« Rechne den 20-fachen Betrag im Kopf aus, wenn du bezahlst oder etwas verschenkst.
- Schau in regelmäßigen Abständen nach deinem Geld, besuche und zähle es und lege es zurück in deinen Geldbeutel und freue dich über jeden Cent und jeden Euro.
- Nenne das Geld wertschätzend bei seinem Namen (bspw. »50-Euro-Schein« oder »Geld« oder »1-Cent- Münze«). Mach dir klar, dass ein 500-Euro-Schein nicht »Scheinchen« genannt werden will.

Reichtum entsteht im Innern. Reichtum kann nur zu dir kommen, wenn du innerlich schon reich bist. Diesen Zustand darfst du üben. Erinnerst du dich an deine Expeditions-Ausrüstung, die du bekommen hast? Deine Flügel, dein Zauberstab und dein Kompass spielen beim Bestellen von Reichtum eine genauso wichtige Rolle wie beim Bestellen von Gesundheit, deiner optimalen beruflichen Tätigkeit und deiner perfekten Partnerschaft: Du entscheidest, ob du niedrige Mangel-Schwingungen oder hohe Fülle-Schwingungen aussendest. Du bist der Kapitän deines Schiffes und bestimmst, welche Gedanken du denkst und welche Gefühle du fühlst. Dein Kompass weist dir immer den richtigen Weg: Hast du bei einem Gedanken gute oder schlechte Gefühle? Wenn es sich schlecht anfühlt, dann ändere den Kurs und denke in eine Richtung, die sich gut anfühlt.

_ *Wer reich und glücklich ist, ist großzügig und hat immer Geld übrig, um jemandem eine Freude zu machen, zu beschenken oder ihn einzuladen.*

Reiche UND glückliche Menschen haben immer mehr Geld, als sie ausgeben wollen und gönnen sich alles, was ihr Leben verschönert und bereichert. Ihr Geld vermehrt sich von allein und fließt ihnen von allen Seiten zu. Sie sind interessiert am Erfolg anderer Menschen und sie sind dankbar und wertschätzend. Das bedeutet umgekehrt, dass jeder so oder ähnlich lautende Satz wie »Das kann ich mir nicht leisten!« Mangel anzieht. Wie willst du dein Einkommen verdoppeln, wenn du deinen Fokus darauf richtest, dir etwas nicht leisten zu können? In diesem Satz steckt die Energie des Mangels und die Energie folgt der Aufmerksamkeit! Bevor dir ein solcher Satz über die Lippen kommt, kreiere einen neuen Gedanken, zum Beispiel: »Ich kann das kaufen, ich gönne mir das!« und fühle dich in die Situation hinein, dass du dir den gewünschten Gegenstand tatsächlich gönnst und das Geld dafür hast. Erst, wenn du fühlen kannst, das Gewünschte bereits zu haben und dankbar dafür zu sein, es zu haben, kann es zu dir kommen. Sage den Satz immer und immer wieder – so lange, bis dir der Satz *automatisch* über die Lippen kommt. Mit jedem Mal wirst du dich besser fühlen und eine innigere Einstellung zu Geld entwickeln.

2. Schritt: Denke aus der Fülle in die Fülle

• Verabschiede dich ein für alle Mal von negativen Glaubenssätzen über Geld. Sprich und denke mehrmals – am besten laut – bei allem, was du dir wünschst: »Ich gönne mir das. Ich bin reich. Ich habe mehr Geld, als ich ausgeben will. Mein Geld vermehrt sich von alleine.« Fühle es und tu so, als hättest du es dir schon gegönnt.

• Öffne deinen Mund zum Reden erst, wenn du in der Energie der Fülle bist und stelle dir vor, jeder Gedanke wird wahr!

• Wenn du dir einen bestimmten Geldbetrag wünschst, dann tu erst so, als ob du ihn schon hättest und freu dich darüber. Fühle die Dankbarkeit und Begeisterung für den Zustand der Fülle.

• Richte deine Aufmerksamkeit auf Wohlstand. Umgib dich mit Wohlstand. Betrachte im Internet Bilder über Traumziele, Traumhäuser, Wohlstand, Reisen, Reichtum und spaziere in Vierteln mit großen Villen, an Häfen mit Jachten, an Promenaden mit exklusiven Geschäften und fühle dich so, als wärst du jemand, der sich alle seine Wünsche erfüllt hätte. Beobachte Menschen, die das haben, was für dich Fülle ausmacht.

Mein Schwiegervater erzählte mir einmal eine nette Geschichte, die er selbst erlebt hatte. Er fliegt viel um die Welt und gönnt sich 1. Klasse-Flüge. Bei einem seiner Flüge saß ein junger Mann neben ihm, der den Flug und den Luxus sichtlich genoss. Mein Schwiegervater fragte ihn ganz offen, wie er sich das in so einem Alter schon leisten könne. Der junge Mann strahlte ihn an und antwortete: »Ich habe geerbt.« Mein Schwiegervater foppte dann frech: »Und jetzt geben Sie Ihr Erbe für so einen Unsinn aus?« Der junge Mann sah meinen Schwiegervater selbstsicher an und antwortete: »Besser Sie tun es auch, sonst tun es Ihre Erben!« »Recht hat er!«, sagte mein Schwiegervater lachend, als er das erzählte.

Frage dich also: Muss es wirklich immer das Billigste sein? Wie oft hast du schon tütenweise Kleidungsstücke in Billigmärkten eingekauft und sie dann nicht getragen? Oft haben wir ein oder zwei Lieblingsstücke, die wir ständig tragen, bis sie auseinanderfallen und schlagen dann im Ausverkauf zu, um »Geld zu sparen« oder ein »Schnäppchen« zu machen. Wer notorischer Schnäppchenjäger ist, lebt im Mangel. Ich kaufe nur noch, was mir wirklich gefällt und mir auf Anhieb ins Auge sticht, ganz gleich ob es 20 oder 1000 Euro kostet. Ich spüre sofort, was zu mir passt. An diesen Einzelstücken habe ich dann jahrelang Freude und das erhöht meine Schwingung!

3. Schritt: Erschaffe Fülle in deinem Zuhause!

Dich reich zu fühlen, gelingt dir mit einfachen Umstellungen zu Hause. Lass zunächst kleinere Dinge los, die Mangelgefühle verursachen könnten, bspw. alte Socken, die Löcher haben oder gestopft sind (Kleidersammler freuen sich!), Unterhosen aus deiner Teenie-Zeit oder solche, die du gar nicht mehr gerne trägst. Sortiere sie aus, nimm ein wenig Geld in die Hand und kauf dir neue Socken und Unterwäsche im Überfluss.

Wie steht es um deinen Besteckkasten? Hast du dich bis gestern geärgert, dass zwar alle Messer und Gabeln in der Spülmaschine sind (»Danke, Danke, Danke, ich habe eine Spülmaschine!!!«), aber keine mehr in der Küchenschublade? Dann wird es Zeit, auch hier Fülle zu produzieren. In meinem Besteckkasten sind mindestens 12-fache Garnituren vorhanden, wenn die anderen 12 in der Spülmaschine sind. Schöne, versteht sich. Natürlich versteckst du dein Geschirr auch nicht im Wohnzimmerschrank, der nur an Ostern, Weihnachten und zur Goldenen Hochzeit geöffnet wird, sondern benutzt es im Alltag! Du willst doch in Fülle leben, oder nicht? Wieso solltest du dein Silberbesteck dann für deine Erben aufsparen?

Mache dir klar, dass Fülle dich umgibt und du längst in Fülle lebst: Du hast ein Dach über dem Kopf, fließendes warmes Wasser, genug zu essen, genug zum Leben, du bist gesund, hast immer genug, um etwas zu verschenken, du hast bereits alles im Überfluss! Richte deinen Fokus dauernd auf all die Dinge, die dich umgeben und sei dankbar für die Fülle, die du schon hast.

- Stelle fest, dass du von allem, was du täglich benutzt, mehr als genug hast: Gläser, Stifte, Magnete für dein Vision-Board, einen vollen Kühlschrank (wenn du den Inhalt auch isst!), Seife usw.
- Gönne dir jeden Tag bewusst mit Freude etwas Besonderes, das kann ein Eis sein, eine halbe Stunde in der Natur, lesen, einen Ausflug planen, träumen ...
- Halte deinen Geldbeutel stets mit einem höheren Geldbetrag gefüllt, der dir bei jedem Blick hinein Fülle-Gefühle verursacht. 500 Euro wären ein guter Anfang. Wenn du dich nicht traust, mach's trotzdem. Du wirst sehen, es vermehrt dein Geld!
- Sprich laut täglich Affirmationen aus wie: »Ich bin ein Geldmagnet/Fülle« oder »Geld liebt mich und ich liebe Geld« oder »Geld ist gedruckte Freiheit« oder »Geld vermehrt sich bei mir von alleine«.

4. Schritt: Werde zum Geldmagnet!

Als ich mich auf mein erstes Kurzseminar »Wie werde ich zu einem Geldmagnet« vorbereitete, praktizierte ich Reichtums-Übungen und übte fleißig alle Schritte, um ein Geldmagnet zu werden. Ich hatte bereits die Erfahrung gemacht, dass der Betrag jeder Rechnung, die ich bezahlte oder schrieb, am nächsten Tag verdoppelt zu mir zurückkam. Zwei Wochen lang gab ich mit jedem neuen Tag mehr Geld aus in der Erwartung, dass der Betrag doppelt zu mir zurückkäme. Ich berechnete bei jeder Rechnung, die ich bezahlte oder schrieb einfach den doppelten Betrag und erwartete, dass er am Tag darauf zu mir käme. Jedes Mal funktionierte es, es war magisch! Am letzten Tag vor dem Seminar kaufte ich einen neuen Computer für 3.500 Euro und bestellte mir mutig, dass der Preis nicht nur doppelt, sondern sogar dreifach zu mir zurückkäme. Am nächsten Tag buchte eine Teilnehmerin in dem gerade laufenden Seminar weitere Seminare meines Angebotes für insgesamt 9.000 Euro! Für mich war klar: Es funktioniert und so mache ich mein Leben lang weiter! Seither habe ich schon ganz andere magische Beträge manifestiert.

Wichtig ist natürlich, dass du Geld nicht *deswegen* ausgibst, weil du gierig bist und mehr davon haben willst, um es zu horten. Ein besserer und höher schwingender Grund ist, weil du es gerne im Umlauf hältst. Dafür ist Geld da! Geld ist ein Tauschmittel, keine Konserve. Wenn Geld nicht bewegt wird, kann es sich nicht vermehren. In einem Bankschließfach schläft es maximal friedlich vor sich hin. Es geht auch nicht darum, in was du dein Geld investierst, Hauptsache du tust es.

_ *Schenken ist übrigens eines der kraftvollsten Mittel, um mehr Geld in dein Leben zu ziehen. Wenn du schenkst, erklärst du damit: »Ich habe reichlich davon!«*

Die reichsten Menschen auf diesem Planeten sind die großzügigsten Schenker. Sie verschenken riesige Geldbeträge. Das öffnet nach dem Gesetz der Anziehung die Schleusen und spült riesige Geldmengen zurück. Wer meint, er hätte nicht genug Geld zu verschenken, der zieht Mangel an und wird nie genug haben. Schenken ist ebenso wie Dankbarkeit ein Multiplikator. Dein Gefühl spielt daher die wichtigste Rolle beim Geldausgeben. In dem Augenblick, in dem du *das* (nicht *dein*!) Geld *mit Liebe* aus- und weitergibst, muss es zu dir zurückkommen, und zwar nicht als der Betrag, den du ausgegeben hast, sondern als der Betrag, der deiner Liebe entspricht, mit der du den Betrag ausgegeben hast! Das ist die Magie der Fülle.

- Bezahle Rechnungen nur, wenn du gute Gefühle hast. Wenn du schlechte Gefühle beim Anblick der Rechnung hast, denke zuerst an all die schönen Dinge, die du dir mit Geld bereits gegönnt hast im Leben. Empfinde echte Dankbarkeit dafür und bezahle dann aus dieser Dankbarkeit heraus die Rechnungen.
- Bedanke dich bei jeder Rechnung, die du bekommst, ehrlichen Herzens dreimal laut für die Leistung, die damit abgerechnet wird und dafür, dass du sie bezahlen kannst.
- Fülle einen Blanko-Scheck mit deinem Wunsch-Geldbetrag aus, kopiere ihn auf mindestens DIN-A4-Größe und hänge ihn dort auf, wo du ihn tagsüber am häufigsten siehst.
- Stelle dir vor, wie jeder Betrag, den du bezahlst oder verschenkst, 20-fach zu dir zurückkommt. (Am Anfang genügt auch 2-fach, dann kannst du langsam steigern, sobald die Beträge manifestiert sind.) Rechne den 20-fachen bzw. 2-fachen Betrag beim Bezahlen im Kopf aus.
- Schreibe unter alle deine Rechnungen: »Danke, Danke, Danke!« und stelle dir den Betrag mit zwei weiteren Nullen hinter dem Komma nach der letzten Ziffer des Geldbetrages auf deinem Kontoauszug als eingehendes Guthaben vor.
- Halte Geld im Umlauf, dann vermehrt es sich. Gib jedes Geld gerne aus.
- Sei großzügig und gönnerhaft: Mit Liebe verschenktes Geld kommt vielfach zu dir zurück! Zahle gerne ein großzügiges Trinkgeld und freue dich über die Freude der Menschen, denen du es gibst.
- Freu dich über jeden Geldbetrag, der zu dir kommt!

AUSFÜHRUNG

Am Morgen

- Nach dem Aufwachen – noch bevor du aufstehst – mache dir bewusst, dass du als ICH in deinen Tag startest.
- Bedanke dich bei deinem Körper, deinem Verstand und deiner Persönlichkeit dafür, dass sie es dir ermöglichen, Erfahrungen in diesem irdischen Leben zu sammeln. Bedanke dich auch dafür, dass es dir mit Spaß und Leichtigkeit gelingt, die heutige Wach-auf!-Gabe spielend zu meistern.
- Bitte um Hilfe aus der geistigen Welt.
- Schreibe ausführlich in dein Danke-Buch, wofür du dankbar bist. Bedanke dich dabei gleichermaßen für Lebensumstände, die du schon hast wie für solche, die du gerne haben möchtest.
- Denke daran, dir im Laufe des Tages Zeit zum Meditieren zu reservieren.

Am Tag

- Pflege heute dein Verhältnis zum Geld und entdecke deine große Liebe zu ihm.
- Absolviere die 4 Schritte zur Fülle ganz praktisch:
  _ Behandle Geld wie einen besten Freund!
  _ Denke aus der Fülle in die Fülle!
  _ Erschaffe Fülle in deinem Zuhause!
  _ Werde zum Geldmagnet!
- Lasse es zu deiner Alltagsroutine werden, Geld zu lieben und zu vermehren. Sei großzügig und halte es immer im Umlauf!
- Konditioniere dein Fülle-Gefühl auf diese Weise heute 21-mal.

Am Abend

- Nimm deinen Wach-auf!-Anker mit ins Bett und bedanke dich dafür, dass es dir mit Spaß und Leichtigkeit gelungen ist, die heutige Wach-auf!-Gabe in deinen Alltag zu integrieren.
- Platziere deinen Wach-auf-Anker dort, wo du ihn morgen früh gleich als Erstes erblickst.
- Lege als das ICH, das du bist, deinen wundervollen Körper zum Schlafen nieder.

20. WACH-AUF!-GABE: SENDE LIEBE AUS!

Liebe ist die stärkste Kraft im Universum.

Liebe ist die höchste Schwingungsform, die existiert und die stärkste Energie, die wir aussenden können. Sie entstammt *direkt unserem Herzen* und speist sich aus der universellen Liebe der großen Schöpfung. Russische Forscher[47] haben schon Anfang des 20. Jahrhunderts die Wirkung unserer Herzenergie getestet. Ihre Aufzeichnungen zeigen bspw. den Fall eines Menschen, der einem 30 Meilen entfernt befindlichen Menschen Liebe aus dem Herzen schickte. Im Ergebnis kam diese Energie zeitgleich mit dem »Absenden« auch an! Absenden und Empfangen fielen auf denselben Zeitpunkt. Die Forscher fanden damals auch heraus, dass unsere Herzenergie in nur 0,3 Sekunden einen beliebigen Ort im Universum in einer Entfernung von 33 Milliarden Lichtjahren erreicht.

---

[47] Siehe dazu: David Sereda; James Law: Quantum Communication (Dokumentarfilm) 2011

Mit unserem Herzen öffnen wir ein machtvolles Kraftfeld[48]. Das HeartMath-Institut in Kalifornien, USA, misst seit Jahren die Wirkung des Herzens. Unter anderem wurde dort das Donut-förmige Energiefeld entdeckt, welches unser Herz umgibt. Dieses Kraftfeld hat einen Durchmesser von etwa zwei Metern und kann auf bis zu 30 km Reichweite ausgedehnt werden. Die Wirkung dieses Energiefeldes lässt sich auch in den Energien, die uns bekannt sind (Elektrizität und Magnetismus) ausdrücken. Im Vergleich zum Gehirn ist die Wirkung des elektrischen Feldes des Herzens 60-mal stärker, die Wirkung des magnetischen Feldes sogar 5000-mal stärker.

Wenn du die Feldwirkung deines Herzens einmal spielerisch testen willst, empfehle ich dir die Übung mit einem Autoschlüssel:

Zuerst nimmst du bitte den elektrischen Türöffner deines Fahrzeugs in die Hand und finde heraus, wo genau beim Drücken der Punkt liegt, ab wo dein Auto das Signal zum Öffnen nicht mehr empfängt. Merke dir die Stelle!

Hebe nun den Schlüssel direkt an deinen Kopf und teste weiter. Du verwendest hierbei das Feld deines Gehirns als Verstärker. Geh mit dem Druck immer weiter zurück, bis es nicht mehr funktioniert. Merke dir dann die Stelle!

Halte den Schlüssel jetzt an deinen Brustraum und achte darauf, dass dein Herz offen ist. Atme durch dein Herz und fühle dein Herz. Richte deine Aufmerksamkeit auf dein Herz und betätige den Schlüssel. Geh mit dem Drücken soweit zurück, bis es nicht mehr funktioniert und merke dir die Stelle!

Jetzt geh zu der Stelle, wo du das Auto mit dem Schlüssel am Herzen noch öffnen konntest und verschließe dein Herz bewusst, so gut es geht. Höre auf, durch das Herz zu atmen, atme flacher,

---

[48] Praxis-TIPP: Mircea Ighisan George: Matrix Transformation – Ein Muss-man-haben Buch zur 2-Punkte-Methode. BoD 2014

fühle dich getrennt vom Herzen und abgekapselt von der Umwelt. Geh mit deinem Bewusstsein in deinen Kopf. Dann probiere erneut, das Fahrzeug mit dem Schlüssel zu öffnen und finde die Stelle, wo es wieder funktioniert. Wie du siehst, kannst du die Wirkung verschieden verstärken.

Das ist die Feldwirkung des Herzens. Sie wirkt jedoch nicht immer gleich, denn du bist ja auch nicht jeden Tag im gleichen Zustand.

Liebe heilt alles

Stell dir nur einmal vor, du könntest diese immense Kraft nutzen, um damit andere Menschen zu beeinflussen. Ein bisschen Liebe kann ja jeder gebrauchen, nicht wahr? Wir reden hier also über LIEBE, nicht über Macht! Ich habe schon etliche Erfahrungen damit gemacht, meine Herzenergie in unterschiedlichsten Situationen, Besprechungen oder Verhandlungen einzusetzen oder auf Menschen und Gegenstände zu richten.

_ *Wir sind reines Bewusstsein und als Mittler in der Lage, die enorme Energiekraft unseres liebenden Herzens zu generieren, freizusetzen und zur Wirkung zu bringen.*

Meinen Teilnehmern bringe ich bereits am ersten Tag des Grundlagenseminars bei, spielerisch mit ihrer Herzenergie umzugehen und großzügig in Situationen und an Menschen in ihrem Leben zu verteilen. Warum auch sparen? Wie beim Geld vermehrt sie sich nur, wenn du sie einsetzt. Nicht nur das, ich habe auch erlebt, wie Menschen an nur einem einzigen Tag bspw. schrecklich verzwickte Situationen in ihr Gegenteil verkehrt oder verhärtete Konflikte wie eine Pusteblume zerstreut haben. Schreiende, unzufriedene Kinder waren spontan friedlich gestimmt und extrem angespannte Partnerbeziehungen ganz leicht harmonisierbar. Gerade Liebeswirkungen sind besonders berührend, dabei mache ich obendrein immer die Erfahrung, dass alle, die es ausprobieren, spätesten am zweiten Tag von der Wirkungsweise ihrer Herzmacht total überzeugt sind.

_ *In jedem von uns steckt ein Heiler, auch in dir!*

Du bist in der Lage, dich über dein Herzfeld mit der allerhöchsten Energie – der bedingungslosen Liebe – zu verbinden und durch einen Impuls aus deinem Bewusstsein (Beziehungs-)Heilung geschehen zu lassen. Ich schätze es, wenn meine Teilnehmer das im Seminar am eigenen Leib erfahren, weil sie es dann nicht nur »halbwegs« glauben, sondern wissen!

In einem Training an einer Hochschule sprach ich mit den Angestellten darüber, dass sie mithilfe ihrer Herzenergie jedes Gespräch, jede Vorlesung und jeden Konflikt schon im Vorfeld harmonisieren könnten. Das Versenden von Liebe würde sich natürlich auch in höchst streitigen Beziehungen bewähren. Alle waren begeistert und wollten es noch am selben Tag ausprobieren. Am Abend erreichte mich dann die Nachricht einer der Frauen, sie habe auf dem Weg nach Hause ihrem Ex-Freund, von dem sie seit einigen Monaten getrennt war, Liebe geschickt. Bislang habe sie unter der Trennung gelitten und nur negative Gefühle gegenüber ihrem Ex-Freund gehegt. Nach all der Zeit absoluter Funkstille habe sie jetzt ihren ganzen Mut zusammengenommen und diesem Mann Dankbarkeit für die schöne gemeinsame Zeit sowie Liebe mitten ins Herz geschickt. Augenblicklich habe dann ihr Telefon geläutet. Ihr Ex-Freund! Sie habe es kaum glauben können, als er sich bei ihr für das schmerzliche Auseinandergehen entschuldigte, ihr für die schöne gemeinsame Zeit dankte und darum bat, künftig freundschaftlich miteinander umzugehen. Ich weinte Tränen der Rührung.

_ *Liebesenergie kann aus einem fetten Minus ein herrliches Plus machen, in einer Sekunde!*

In einem anderen Seminar hatte sich eine Frau über eine Arbeitskollegin beklagt, die seit zwei Jahren das Betriebsklima derart verschlechtere, dass sie darüber nachdenke, ihren ansonsten geliebten Arbeitsplatz zu kündigen, weil sie keinen anderen Ausweg mehr sah. »Schick ihr doch einfach Liebe!«, riet ich ihr. »Ich liebe sie aber nicht!«, wendete die Teilnehmerin ein. Ich lachte. »Eben! Solange du dich über sie ärgerst und deinen Ärger dadurch verstärkst, dass du über ihre Fehler grübelst, sinkst du auf die gleiche niedrige Energieschwingung ab, die deine Kollegin ausstrahlt. Du verstärkst also die ärgerliche Situation und es wird immer schlimmer. Wenn du ihr nun aber hochschwingende Liebe schickst, dann kann nach allen energetischen Gesetzmäßigkeiten nur Besseres passieren: Die Kollegin wird entweder friedlicher, freundlicher oder sie verschwindet auf dem einen oder anderen Weg aus deinem Radius und du wirst sie auf liebevolle Weise los.«

Ich erklärte ihr, dass es gar nicht nötig sei, die Kollegin zu lieben. Sie könne einfach an irgendeine Person oder Sache denken, für die sie wirklich echte Liebe empfindet. Diese tatsächlich gefühlte Liebesenergie sei genug, um sie an die Kollegin zu schicken. Ich schlug ihr vor, diese Liebe in ihrer Vorstellung in ein kleines Geschenkpäckchen zu legen und zu versenden, so oft es ihr einfalle. Das sei ein ganz einfacher Weg, um die Situation schnell und wirkungsvoll zu ändern. Gesagt, getan, die Frau verschickte beherzt zwei Tage lange mehrmals täglich Liebe ins Herz der »ungeliebten« Kollegin. Am dritten Tag berichtete sie mir, die Kollegin habe am Vortag ihren Arbeitsplatz gewechselt und sei in eine andere Abteilung des Unternehmens gezogen, wo es ihr besser gefalle. Das Ganze hat sich vor vier Jahren zugetragen und inzwischen sind die beiden Damen sogar befreundet. (Die Teilnehmerin hatte ihr einfach immer weiter Liebe geschickt!)

In einem anderen Fall stellte eine Teilnehmerin ihr »Liebespaket« imaginär vor die Haustür ihres Schwiegervaters, weil sie ihm ihre Liebe nicht direkt ins Herz schicken wollte. Sie schickte ihrem Schwiegervater stattdessen die Botschaft, er könne das Päckchen vor der Tür abholen. Die Beziehung erfuhr von ihrem Tiefpunkt aus sofort solch eine magische und liebevolle Aufwertung, dass die beiden sich bereits nach kürzester Zeit hervorragend verstanden.

Im Herzbewusstsein

Das Schicken von Liebe ins HERZ eines Menschen ist die schnellste Maßnahme zur Heilung von belastenden Beziehungen.[49] Es löst Konflikte und bewirkt sowohl beim Sender als auch beim Empfänger eine hohe Schwingung, was wiederum für eine hochschwingende gemeinsame Zukunft sorgt. Es lohnt sich also, viel Liebe an Menschen, Tiere und in Situationen zu schicken, die dir wichtig sind. Von Eltern, deren Kinder ein Seminar bei mir besucht haben, erhalte ich regelmäßig die Rückmeldung, dass bei ihnen Wunder geschehen sind, während die Kinder im Seminar waren. Das liegt daran, dass die Kinder ihren Angehörigen mit viel Begeisterung Liebe geschickt haben. Die Eltern berichten oft, ihr Zuhause sei von Licht erstrahlt gewesen, es habe plötzlich eine ausgelassene und heitere Stimmung geherrscht und vormals muffelige Familienmitglieder seien regelrecht aufgeblüht in Heiterkeit und Gelassenheit.

_ *Liebe heilt alles! Probiere es gleich aus, die Beziehungen in deinem Leben zu harmonisieren und wecke deine Heiler-Fähigkeiten.*

Liebe schicke ich nicht nur zur Harmonisierung von Beziehungen, sondern auch, um Menschen mit dieser hohen Energie zu »bestrahlen«, wenn ich eine negative Schwingung bei ihnen wahrnehme, oder einfach, um liebevolle Dinge in mein eigenes Leben

---

49 Siehe dazu: Alex Loyd: Das Love Principle – Die Erfolgsmethode für ein erfülltes Leben. Rowohlt Verlag 2014. Rhonda Byrne: The Secret – Das Geheimnis. Arkana 2007

zu ziehen. Zu den kuriosen Wirkungen gehört bspw. auch, verlorene Gegenstände wiederzufinden. Ich richte mein Bewusstsein auf mein Herz, allein das bewirkt schon Wunder. Dazu stelle ich mir vor, dass sich die Position meiner Augen in mein Herz verschiebt und ich von »dort« aus alles mit den Augen der Liebe betrachte. Ich stelle mir vor, wie meine Augen wie Murmeln in meinen »Herzens-See« fallen und Kreise ziehen, die immer größer und größer werden. Gleichzeitig lasse ich mir intuitiv die täglich wechselnde Farbe meines Herzens-Sees einfallen und visualisiere diese Farbe. Das mache ich schon morgens vor meiner Meditation. Ich hülle erst mich vollständig in diesen warmen, schönen Liebes-See ein und dann lasse ich alle Menschen, die mir einfallen, in meinem Herzens-See baden und sich mit Liebe aufladen.

Liebe zu schicken wirkt auf magische Weise auch heilsam auf Beziehungen mit Menschen, mit denen bisher kein gutes Verhältnis bestanden hat. Bspw. ließ ich einmal im Sommerurlaub an einem bestimmten Morgen die Familie, die das Haus neben uns gemietet hatte, eine halbe Stunde lang in meinem Herzens-See baden, während ich am Strand joggte. Am Tag zuvor hatte ich nebenan eine Negativität wahrgenommen, vielleicht störten sich die Nachbarn an unserer Anwesenheit. Aus meiner Erfahrung war es das Beste, ihnen meine Herzensenergie zur Verfügung zu stellen. Als ich an diesem Tag voller Liebe von meinem Joggingausflug zurückkehrte, sah ich, dass sie gerade abreisten.

Während eines meiner Unternehmenstrainings schickte ich einem Teilnehmer einen Tag lang immer wieder Liebes-Päckchen ins Herz, nachdem er sich als sehr negativ und anstrengend entpuppt hatte. Am folgenden Tag war er wie ausgewechselt, folgte dem Programm freundlich und zuvorkommend und war selbst für seine Mitarbeiter nicht wiederzuerkennen.

Um gründlich zu sein und meine Kraft optimal zu nutzen, lasse ich meistens gleich die ganze Erde samt ihren Bewohnern in meinen Herzens-See baden und umhülle die Erdkugel mit meiner Liebesenergie. Auf diese Weise möchte ich dazu beitragen, dass so viel wie möglich auf unserem schönen Planeten gereinigt und geheilt wird, was bislang noch mit negativen Energien behaftet ist.

Liebe in Aktion – 3 Wege

Im Herzfeld

- Geh mit deiner Aufmerksamkeit in dein Herz und fühle dich in deine Herzenergie ein.
- Sei dankbar für die liebende Kraft deines Herzens!
- Lebe möglichst oft und solange es geht aus dieser Herzenergie heraus.

Liebe schicken:

- Betrete dein Herzfeld wie in der Übung zuvor und bedanke dich für deine Herzkraft.
- Denke an die Person oder Situation oder den Gegenstand, auf die/den du deine Liebe richten möchtest. Spüre diese Liebe intensiv!
- Schicke diese Liebe jetzt direkt in das Herz der Person/ins Zentrum der Situation/in den Kern des Gegenstandes.

TIPP: Wenn du die Person nicht magst, verpacke die Liebe zuerst in ein schönes Päckchen und lasse es dieser Person zukommen, damit sie höher schwingt.

Im Herzens-See baden

- Stell dir vor, dass dein Herz ein See ist und visualisiere die Farbe, die dir intuitiv einfällt.
- Lasse deine Augen wie Murmeln in dein Herz kullern und dort kreisförmige Wellen ziehen.
- Stell dir vor, wie dein Herzens-See sich ausdehnt und lade alle deine Lieblingsmenschen ein, darin zu baden, damit sie mit wärmender, heilsamer, glücklich-machender Energie aufgeladen werden.
  TIPP: Lade auch Menschen dazu ein, zu denen du bislang kein gutes Verhältnis hast und beobachte, wie sich eure Beziehung magisch verbessert.
- Wenn du willst, lass die Erdkugel und die gesamte Menschheit sowie alle Tiere und Pflanzen in deinem Herzens-See baden.

AUSFÜHRUNG

Am Morgen

- Nach dem Aufwachen – noch bevor du aufstehst – mache dir bewusst, dass du als ICH in deinen Tag startest.
- Bedanke dich bei deinem Körper, deinem Verstand und deiner Persönlichkeit dafür, dass sie es dir ermöglichen, Erfahrungen in diesem irdischen Leben zu sammeln. Bedanke dich auch dafür, dass es dir mit Spaß und Leichtigkeit gelingt, die heutige Wach-auf!-Gabe spielend zu meistern.
- Bitte um Hilfe aus der geistigen Welt.
- Schreibe ausführlich in dein Danke-Buch, wofür du dankbar bist. Bedanke dich dabei gleichermaßen für Lebensumstände, die du schon hast wie für solche, die du gerne haben möchtest.
- Denke daran, dir im Laufe des Tages Zeit zum Meditieren zu reservieren.

Am Tag

- Geh heute immer wieder mit der Aufmerksamkeit in dein Herz und fühle dich in deine Herzenergie ein. Sei dankbar für dein Herz.
- Denke dann jeweils an eine Person, die für dich aktuell von Bedeutung ist. Spüre die Liebe zu dieser Person.
- Schicke diese Liebe direkt in das Herz der Person, wenn du die Person magst. Wenn es dir schwerfällt, weil du sie (noch) nicht magst, verpacke die Liebe zuerst in einen schönen Geschenkkarton und sende ihn in das Herz der Person, die in deiner Welt höher schwingen darf.
- Wiederhole diese Übung heute 21-mal, indem du entweder einer bestimmten Person oder unterschiedlichen Personen Liebe schickst.

Am Abend

- Nimm deinen Wach-auf!-Anker mit ins Bett und bedanke dich dafür, dass es dir mit Spaß und Leichtigkeit gelungen ist, die heutige Wach-auf!-Gabe in deinen Alltag zu integrieren.
- Platziere deinen Wach-auf-Anker dort, wo du ihn morgen früh gleich als Erstes erblickst.
- Lege als das ICH, das du bist, deinen wundervollen Körper zum Schlafen nieder.

21. WACH-AUF!-GABE: BLEIBE ERWACHT!

Liebe, was du tust und tue, was du liebst.

Es gibt ganz individuelle Möglichkeiten, dich an dein ICH zu erinnern und als erwachtes Bewusstsein zu leben. Der eine findet sein ICH, indem er Yoga praktiziert, der andere liest Bücher über das »Goldene Zeitalter« oder den Sprung in die 5. Dimension. Manche praktizieren Energieheilungstechniken, wie bspw. Reiki, und manche meditieren. Es gibt auch Menschen, die einen schlimmen Verlust oder Unfall erleiden, wie z. B. Anita Moorjani, Anke Evertz oder Ralf Breido, die sich als ICH in ihren Nahtoderlebnissen erfahren durften. Viele Kinder werden heute schon mit einem erweiterten Bewusstsein geboren und müssen nicht viel tun, um zu erwachen. Fakt ist, dass jede verkörperte Seele genau zur richtigen Zeit in ihrem Tempo erwacht, auch du. Deswegen ist es auch nicht hilfreich, dich mit anderen zu messen oder gar ein Wettrennen im Erwachen zu veranstalten. Es geht nicht darum, wer als erster am Ziel ist. Zeit ist ohnehin nur eine Illusion, es geht einzig um den *Prozess* des Erwachens, den wir alle erfahren wollen. Besinne dich allein auf dich selbst und finde die für dich passenden Methoden, um freudvoll und glücklich zu leben und damit sukzessive deine Schwingung zu erhöhen. Du wirst den Zustand, zu erwachen, lieben. Noch mehr lieben wirst du es, erwacht zu bleiben. Er ist nämlich der schönste Zustand, den du dir vorstellen kannst.

Mein Leben im erwachten Zustand ist mittlerweile sehr einfach geworden, weil ich einer tollen Maxime folge:

_ *Ich tue nur Dinge, die ich liebe und ich liebe alles, was ich tue.*

Tatsächlich ist es möglich, alles und jeden zu lieben. Das ist unser ursprünglicher ICH-Zustand. Wir unterscheiden nicht. Wenn wir etwas oder jemanden nicht lieben, wird diese Sache oder Person nicht lange in unserem Leben bleiben. Das liegt daran, dass wir in jedem Moment eine lebendige Ursache setzen. Zu uns kommt, was zu uns passt und umgekehrt.

Alles hat Bewusstsein

Das Leben und alles, was darin vorkommt, als Wunder zu betrachten, bedeutet, dass du dir bewusst machst, dass alles, was je erschaffen wurde, Bewusstsein ist: dein Auto, dein Haus, deine Kleidungsstücke, alle Gegenstände, Steine, die Kaffeemaschine, der Tisch, die Stühle, die Gläser, der Computer, einfach alles! Ich rede mit meinem Auto, streichle es und liebe es. Ich bedanke mich bei meinem Computer und schicke ihm Liebe. Ich rede mit meinem Haus und lasse Steine an dem Ort, wo sie liegen, weil sie dorthin gehören. Alles hat eine Schwingung, einen Sinn und Bewusstsein! Wenn du alle Dinge, die dir im Laufe eines Tages begegnen, als reines Bewusstsein behandelst, dann erwachst du mehr und mehr zu deinem wahren Selbst und wertschätzt diese Dinge als *gleichwertiges* Bewusstsein.

Bewusst durchs Leben zu gehen bedeutet, im Hier und Jetzt zu leben und die Dinge um dich herum sowie in dir zu bemerken. Du nimmst alles aufmerksam wahr. Dein Lebenszweck ist es, erwacht zu SEIN – als ICH, das mit allem verbunden und in Harmonie ist.

_ *Behandle alles so, als sei alles lebendig! Alles fühlt. Alles ist pures reines Bewusstsein. Dieses Bewusstsein kannst du nur im Hier und Jetzt erfahren.*

Du bist bei der letzten Wach-auf!-Gabe angekommen und hast dich deinem ICH inzwischen schon ein riesiges Stück angenähert. Großartig! Durch die Übungen und die tägliche Achtsamkeit bist du schon viel bewusster geworden. Bravo! Wenn du selbst nicht das Gefühl hast, dass es so ist, bleib einfach dran! Du bist herzlich eingeladen, deinen Bewusstseinsmuskel weiter zu trainieren. Es geht gar nicht darum, zwanghaft zu versuchen, zu erwachen, sondern darum, alles *in Freude* zu erleben. Das geht nur in diesem Moment! Es geht darum, bewusst im Jetzt zu leben und jeden Augenblick zu genießen, ohne sich dabei anzustrengen.

_ *Das Leben schenkt dir unentwegt Zeichen auf deinem Weg, doch wenn du nicht im Augenblick lebst, dann siehst du diese Zeichen nicht und wenn du sie nicht siehst, dann kannst du sie auch nicht deuten. Fakt ist: Sie führen dich immer garantiert zu deinem ICH!*

Ich bitte das Universum regelmäßig um sanfte Stupser, wenn ich negative Gedanken und Emotionen habe und erlebe dann, wie das Leben mir antwortet. Gleichermaßen bitte ich um riesige Geschenke, wenn ich bewusst denke und fühle und durch meine Art zu leben, meine Schwingung erhöhe. Seit Jahren lebe ich nach diesen Zeichen, die ich erhalte. Wenn ich mich stoße oder etwas schiefläuft, dann ist das ein Stupser, für den ich mich bedanke, weil er mich erinnert, dass ich noch höher schwingen darf. Wenn ich wie so oft vom Leben mit Geschenken überhäuft werde, dann bedanke ich mich für das Feedback, dass ich alles richtig mache. Ich versuche alles so zu sehen, als würde ich es zum ersten Mal sehen. Ich liebe es, dass ich wundervolle Dinge erschaffen und mich in diesem wundervollen Körper erfahren darf. Ich spüre die Magie, die mich und andere Menschen heilt und bin dankbar, dass meine Familie und meine Seminarteilnehmer lernen, sich dieser Magie anzuschließen und sich ihr Traumleben zu erschaffen.

Wunder über Wunder

Ich spüre, wie ich mit meinem Körper verbunden bin und wie er mit mir spricht und ich mit ihm spreche. Ich spüre, wie machtvoll und intelligent mein Körper ist. Er weiß mehr als mein Verstand, denn er ist auf einer erweiterten Ebene mit der Schöpferquelle verbunden. Meine Zellen enthalten alle Erinnerungen aus diesem Leben und aus allen vergangenen Inkarnationen. Dass ich dieses Wunderwerk, das nur für mich da ist, mein Erdenkleid nennen darf, ist mir jeden Tag aufs Neue eine Ehre. Ich liebe ihn!

Ich bin dankbar für meinen besten Freund – meinen Verstand – und dass ich ihn dazu nutze, mit meinem ICH an einem Strang zu ziehen. Jeden Moment genieße ich, wie alle meine Sinne die großartigen Wunder dieser Erde wahrnehmen und erleben. Ich genieße es, als ICH zu erwachen am Morgen und meinen Körper zu begrüßen, ihn mit meinem Lieblingsgetränk einzustimmen und meinen Verstand mit Traumbildern zu beschäftigen. Ich genieße es, mich mit glücklichen Gedanken zu befassen, meiner Familie eine Freude zu machen und gemeinsame Zeit mit ihnen zu verbringen. Ich liebe es, uns alle zu verwöhnen und zu umsorgen.

Ich freue mich jeden Tag, zu erkennen, wie viele Menschen schon erwacht sind. Ich freue mich jetzt schon darauf, mich gelassen zurückzulehnen und dabei zuzusehen, wie noch viel mehr Menschen – einer nach dem anderen – erwachen werden. Ich bewundere und schätze jede einzelne Seele, die diese Aufgabe gewählt hat. Ich blicke voller Berührung um mich und erkenne mich in jedem einzelnen Menschen als ICH wieder.

Ich freue mich immer, wenn ich mir dessen bewusst bin, dass ich angebunden bin an die Schöpferquelle. Es erfüllt mich zutiefst, mit anderen Menschen über Gesundheit, Glück und Erfolg zu sprechen und es ist mir ein tiefes Bedürfnis, jedem Menschen ein Lächeln zu schenken – denn mit jedem Lächeln signalisiert mir mein Körper, dass er glücklich und mit Lebensfreude, Vitalität und Liebe versorgt ist. Ich fühle mich geehrt, dass ich mit meiner Schwingung zur Erhöhung der »kollektiven Schwingung« beitragen darf.

Ich genieße es, wenn warmes Wasser aus dem Duschkopf über mich fließt und danke den Menschen, die diese Technik erfunden haben. Ich kann es heute noch nicht fassen, ein hochentwickeltes Smartphone zu haben, das mit mir spricht, mir Informationen und Antworten auf meine Fragen liefert, Fotos und Videos aufnimmt und wiedergibt, meine Termine regelt und telefoniert. In diesem Augenblick – genau jetzt! – bin ich über die Maßen dankbar, weil ich gerade beim Joggen im Schnee einzelne Abschnitte meines Buches und einen genialen Einfall für mein nächstes Seminar hinein diktieren kann.

_ *Ich entdecke das Leben jeden Tag neu und lasse mein Staunen nicht zur Gewohnheit werden. Ich bin aufmerksam und mir ist bewusst, was mich umgibt, weil ich es beobachte und nicht meinem Verstand die Führung überlasse. In jedem Augenblick entscheide ich bewusst, etwas zu tun oder zu lassen.*

Ich kann es kaum fassen, was das Leben mir alles zu Verfügung stellt, damit ich glücklich, zufrieden und völlig harmonisch im HIER und JETZT SEIN kann. Ich bedanke mich jeden Tag dafür, dass die wundervollen Menschen um mich herum sich entschieden haben, einen Teil ihres Weges mit mir zu gehen und mir ihre Liebe zu schenken. Ich bin dankbar, dass alles in meinem Leben wundervoll ist und ich diese Wunder seit Jahren mit meiner Einstellung und meiner Liebe erschaffe. So erwache ich.

Deinen Werkzeugkasten nutzen, um erwacht zu bleiben
Hast du deine Expeditions-Ausrüstung noch im Blick? Wundervolle Werkzeuge stehen dir zur Verfügung, um das Leben deiner Träume zu erschaffen. Nutze deine 3 magischen Helfer:
- Deine Flügel – deine Wahlfreiheit.
- Dein Zauberstab – deine schöpferischen Gedanken.
- Dein Kompass – deine Gefühle, die dir den richtigen Weg zeigen.

Du hast immer die Wahl, dein Leben zu ändern und mit deinen Gedanken auf die wünschenswerte Bahn zu lenken! Deine Gefühle zeigen dir stets die vollkommene Richtung an. Erfolgreich und dauerhaft hoch zu schwingen bedeutet, dass du dauerhaft eine erfolgreiche und hochschwingende Ursache (Gedanken) setzen darfst – und das kannst du immer nur im JETZT tun.

_ *Der Schlüssel zum Erwacht-Bleiben heißt: Dein unbewusster Verstand verinnerlicht die 21 Wach-auf!-Gaben dauerhaft und führt sie automatisch aus.*

Dranbleiben lohnt sich also! Es erfordert nur am Anfang ein wenig Disziplin. Mithilfe der 21 Wach-auf!-Gaben, von denen bereits 20 hinter dir liegen, verankerst du eine völlig neue Konditionierung deines unbewussten Autopiloten, die für deine dauerhaft hohe Schwingung sorgt. Um dieses neue Programm immer wieder zu fixieren, empfehle ich dir, die Wach-auf-Gaben in regelmäßigen Abständen (optimalerweise einmal pro Halbjahr) zu wiederholen. Du wirst feststellen, dass die meisten davon schon automatisch in deinen Alltag integriert sind. Gutes Gelingen!

AUSFÜHRUNG

Am Morgen

- Nach dem Aufwachen – noch bevor du aufstehst – mache dir bewusst, dass du als ICH in deinen Tag startest.
- Bedanke dich bei deinem Körper, deinem Verstand und deiner Persönlichkeit dafür, dass sie es dir ermöglichen, Erfahrungen in diesem irdischen Leben zu sammeln. Bedanke dich auch dafür, dass es dir mit Spaß und Leichtigkeit gelingt, die heutige Wach-auf!-Gabe spielend zu meistern.
- Bitte um Hilfe aus der geistigen Welt.

- Schreibe ausführlich in dein Danke-Buch, wofür du dankbar bist. Bedanke dich dabei gleichermaßen für Lebensumstände, die du schon hast wie für solche, die du gerne haben möchtest.
- Denke daran, dir im Laufe des Tages Zeit zum Meditieren zu reservieren.

Am Tag

- Nimm heute 21-mal bewusst wahr, dass alles lebendig ist und Bewusstsein hat: jeder Mensch, mit dem du sprichst, jedes Tier, dem du begegnest, jeder Gegenstand, den du mit deinen Händen anfasst, mit deinen Augen siehst, mit deinen Ohren hörst, mit deiner Nase riechst, mit deinem Mund schmeckst.
- Behandle als ICH, das du bist, alles und jeden als lebendig und göttlich – als ICH, das alles und jeder ist.
- Bedanke dich für und bei jedem Menschen, Gegenstand und Tier dafür, dass es ihn gibt und gib dazu einen konkreten Grund an, bspw.: »Danke, dass du da bist, weil du mir mit deiner Schönheit so viel Freude machst.«
- Segne alle Gegenstände, Tiere und Menschen – und segne auch dich selbst.

Am Abend

- Nimm deinen Wach-auf!-Anker mit ins Bett und bedanke dich dafür, dass es dir mit Spaß und Leichtigkeit gelungen ist, die heutige Wach-auf!-Gabe in deinen Alltag zu integrieren.
- Platziere deinen Wach-auf-Anker dort, wo du ihn morgen früh gleich als Erstes erblickst.
- Lege als das ICH, das du bist, deinen wundervollen Körper zum Schlafen nieder.

ERWACHTES BEWUSSTSEIN

Fange jetzt an zu leben
und zähle jeden Tag als ein Leben für sich!

Seneca

Viele sind neugierig, wie sich ein Leben mit einem erweiterten Bewusstsein darstellt. Ich möchte dir eine Idee davon geben, damit du mit deinen eigenen Vorstellungen dazu beitragen kannst, dass sich das Ponyhof-Leben für alle Menschen auf der Erde in den nächsten Jahren manifestieren kann und die Menschen in Liebe und Frieden miteinander leben. Diese Manifestation setzt voraus, dass eine »kritische Masse« daran glaubt, dass es ein Leben in der höheren Dimension gibt und dieses auch visualisiert. Mit gezielten Visualisierungen[50] kannst du gemeinsam mit vielen anderen dazu beitragen, diese neue Welt zu erschaffen.

_ *Ein einzelner guter Gedanke ist viel machtvoller als viele negative Gedanken, daher wiegt bereits ein geringer Anteil von erwachten Menschen, um diese kritische Masse zu erreichen. Wir stehen kurz davor!*

Mit deinen begeisterten und liebevollen Gefühlen in Bezug auf deine Bilder von dieser neuen Welt kannst du das Zünglein an der Waage sein! Lass dich inspirieren von der Vision, die viele Menschen mit einer hohen Schwingung teilen:

Die Welt in der 5. Dimension ist ein Paradies. Sie ist heil, harmonisch und alles ist bewusst und lebendig. Die Natur hat überall reichlich Platz, sich zu entfalten und zeigt sich in ihrer schönsten Pracht. Die Erde hat sich erholt und bietet uns alles, was unser Leben bereichert und vollkommen macht: nahrhafte Lebensmittel in Hülle und Fülle, die schönsten Ruhe- und Kraftorte für die Anbindung an die Schöpferquelle und für die Aufladung unserer Energien, Schönheit und Magie. Es ist warm und friedlich, alles wächst und gedeiht in voller Pracht. Unsere Nahrung schenkt uns Menschen Kraft und

---

[50] Christina von Dreien: Am Ende ist alles gut – Wie wir uns die heile Welt selbst erschaffen. Govinda Verlag 2020. Christina von Dreien: Bewusstsein schafft Frieden. Govinda Verlag 2019

Vitalität. Wir alle sind gesund und erfreuen uns jugendlicher Leben-
digkeit. Wir haben gelernt, unsere Selbstheilungskräfte einzusetzen
und uns vollkommen zu regenerieren.

Wir sind vollkommenes, ewiges Bewusstsein, welches sich auf un-
seren Körper vollkommen auswirkt, dessen Lebensjahre nicht mehr
auf 70 oder 80 begrenzt sind. Wir sind auf eine viel längere Lebens-
dauer ausgerichtet.

Unsere DNA entwickelt sich zu einer 12-Strang-DNA, wodurch
unsere wundervollen Fähigkeiten aktiviert werden, die elektronische
und digitale Geräte, Transportmittel und Industrien überflüssig ma-
chen. Nach und nach werden Straßen zurückgebaut, um der Natur
Platz zu schenken und die Erde frei atmen zu lassen. Wir sind alle
freundlich zueinander und helfen uns gegenseitig. Wir gehen voller
Lebensfreude durch den Tag und stecken uns gegenseitig mit unserer
Begeisterung an. Wir lächeln oder strahlen immerzu, weil wir uns
über alle Ereignisse, Aufgaben und Menschen freuen, die uns begeg-
nen. Oft singen und tanzen wir gemeinsam ohne irgendeinen Anlass
miteinander. Wir bewegen uns viel in der Natur.

Wir haben begriffen, dass es nur eines gibt, für das es sich zu
leben lohnt: die Liebe! Wir leben aus der Liebe zu uns selbst, zu an-
deren Menschen, zu allem, was lebt und zur Erde. Deswegen lieben
wir auch alles, was wir tun und tun nur Dinge, die wir lieben. Wir
alle sind individuell einzigartig und jeder von uns hat seine Aufgabe
erkannt, mit der er sich hingebungsvoll ausdrücken und sich und an-
deren dienen kann.

Nahrungsmittel beziehen wir von regionalen Anbietern und
bauen auch selbst Gemüse und Obst an. Geld ist rar geworden. Hin
und wieder wird es als Tauschmittel eingesetzt, doch wir schenken
uns gegenseitig das, was wir gut können und worin wir großartig
sind. Da uns bewusst geworden ist, dass wir alle vollkommen und
ewig sind und jeder und jede sich im anderen erkennt, messen und

vergleichen wir uns nicht mehr. Wir erfreuen uns unserer ewigen Schöpferkraft und entwickeln jeden Augenblick unseres Lebens unser Potenzial, indem wir zu uns selbst erwachen und alles vollkommen tun und genießen, was wir im Moment erfahren. Da wir in vollkommener Hingabe an den Augenblick »sind«, ist kein Raum mehr für Zukunftssorgen, Stress, Termindruck oder Angst. Wir brauchen materielle Dinge nicht mehr, um uns zu bewerten. Wir verbrauchen nur das, was uns im Augenblick glücklich macht.

Computer, Mobiltelefone und das Internet sind überflüssig geworden, weil wir uns mit unseren medialen Fähigkeiten alle Daten aus dem frei verfügbaren universellen »Informationsfeld« herunterladen können und damit unsere große Intelligenz, unser Bewusstsein, nutzen. Außerdem können wir längst miteinander telepathisch kommunizieren.

Die Welt erlebt einen nie dagewesenen Wandlungsprozess. Es findet eine weltweite Übereinkunft und Zusammenarbeit der Staaten statt, die von Vertrauen geprägt ist. Da Geld weniger Bedeutung hat, kommen Kreativität, Musik, Kunst und Sport wieder zu Ehren. Die Menschen übernehmen Verantwortung für ihren eigenen Gesundheitszustand und ihren eigenen Heilungsprozess und bevorzugen dabei natürliche und energetische Methoden. Überwachungsstaaten, Diktaturen und Regierungen, die Macht und Kontrolle über Menschen ausüben wollen, gehören der Vergangenheit an, weil das Gemeinwohl an deren Stelle gerückt ist. Teilhabe, Fürsorglichkeit und friedliches Miteinander haben uns in die 5. Dimension geführt.

In Übereinstimmung mit der neuen hochschwingenden Energie, die den Planeten durchströmt, hat das ICH viele Menschen aufgerufen, einer Arbeit nachzugehen, die ihnen Freude macht und Gefühle der Lebendigkeit verschafft, die ihre Kreativität hervorlockt und es ihnen ermöglicht, glücklich in der 5. Dimension zu leben.

Wir bekommen Kinder bewusst aus dem einen Grund, der die wundervolle Lebensaufgabe beinhaltet, uns ihnen in vollkommener

Aufmerksamkeit zuzuwenden, sie das bewusste Sein zu lehren und in Liebe aufzuziehen. Wir sind uns dessen bewusst, dass wir alles, was wir unseren Kindern schenken, in Wirklichkeit uns selbst schenken. Wir lernen uns zu lieben, indem wir andere lieben, die in Wirklichkeit wir sind. Wir sind alle verbunden, wir sind alle eine Energie. Wir bekommen Kinder, weil es unsere Berufung ist, uns in dieser Lebensaufgabe der Kindererziehung einzigartig auszudrücken – so, wie es jeder und jede von uns mit herausragenden Fähigkeit tut. Aus diesem Grund fördern wir unsere Kinder, denn sie wissen um ihre Vollkommenheit und sind glücklich und drücken ihre ganze Liebe in allem aus, was sie tun, so wie wir auch.

Den Kindern werden in der Schule nur Dinge beigebracht, die sie darin unterstützen, ihr ganzes Potenzial auszuschöpfen. Sie lieben die Schule und gehen alle begeistert zum Unterricht. Sie dürfen Schulfächer wählen, wie: »Trainiere deine Intuition« - »Wecke dein Schöpferpotenzial« - »Manifestieren leicht gemacht« - »Erweitere deine Visualisierungsfähigkeit« - »Aktiviere deine Heilkräfte« - »Zugang zum universellen Informationsfeld« - »Tore zur 12. göttlichen Dimension« - »Spielend erwachen« - »Telepathie im Alltag«, »Das Einmaleins der Manifestation« - »Hellsehen, Hellfühlen, Hellhören« - »Außersinnliche Wahrnehmung« - »Die Aura sehen und auffüllen« - »Levitieren für Anfänger« - »Chakren in Balance« ...

Hochmotiviert kommen unsere Kinder von der Schule nach Hause und erzählen uns begeistert, was sie Neues gelernt haben, z. B. wie sie es geschafft haben, mit einem Fingerschnippen einen Weihnachtsbaum oder einen Schmetterling zu manifestieren. Mit freudiger Spannung erzählen sie, wie es ihnen gelungen ist, sich von einem ins andere Zimmer zu levitieren und dabei keine Zeit vergangen ist, denn Zeit ist nur eine Illusion. Sie berichten von Erlebnissen, die wir nur aus Filmen der 1980er kennen und für reine Fantasieprodukte gehalten haben: »Raumschiff Enterprise« oder »Zurück in die

Zukunft«. *Sie zeigen uns, wie sie die Fächer der »Alten Schule« – Mathematik, Physik und Geschichte – einfach aus der universellen Bibliothek herunterladen und jederzeit auf alles Wissen zugreifen können. Sie kennen den Unterschied zwischen der linken und rechten Gehirnhälfte und nutzen beide Hemisphären, um ihr Potenzial zu entfalten. Sie erzählen am liebsten von dem, was sie in »Bewusstseinskunde« gelernt haben:*

Der menschliche Körper birgt das Potenzial, über einen Zeitraum von weit über 300 Jahren jung und stark zu bleiben. Er dient als geniales Transportmittel – so, wie es schon in dem visionären Film »Der grüne Planet« in den 1980ern visualisiert worden ist. Menschen helfen dabei, die Erde wieder in das Paradies zu verwandeln, das sie ursprünglich gewesen ist. Alle Klima- und Energieprobleme sind gelöst, weil wir Menschen in der Lage sind, unseren Standort beliebig zu verändern und hierzu weder öffentliche Verkehrsmittel noch Autos und auch keine Fahrräder brauchen, sobald wir unsere Levitationskraft[51] freigeschaltet haben.

Wir alle streben auf die Erleuchtung zu, die unser Ziel ist. Erleuchtung bringt mit sich, dass wir alles von einer höheren Warte aus wahrnehmen und einfach beobachten, ohne zu be- oder verurteilen. Unser Kronen-Chakra, Herz-Chakra und Stirn-Chakra (»Drittes Auge«) ist weit geöffnet und aus einer höheren Perspektive betrachten wir das ganze Bild unseres Lebens und das Leben anderer, wie es sich vor uns ausbreitet. Wir empfangen göttliche Energie und schöpferische Weisheit aus den unendlichen Weiten des Universums und begreifen uns als Gestalter unserer Realität. Wir leben entsprechend den Regeln des Gesetzes, das bereits im 20. Jahrhundert in der Quantenphysik mit dem Doppelspalt-Experiment bewiesenen

---

[51] Baird T. Spalding: Leben und Lehren der Meister im fernen Osten. Schirner Verlag 2020

wurde, wonach Beobachtung Materie erschafft. *Wir visualisieren und manifestieren mit unserer Aufmerksamkeit gewünschte Lebensumstände. Mit unserem dritten Auge nehmen wir alles in voller Klarheit wahr, sodass der Schleier der Illusion aufgelöst ist.*

Jede inkarnierte Seele ist vollumfänglich mit ihrem höheren Selbst verbunden im Bewusstseinszustand des »Ich bin«. Die Erde ist ein Paradies von unvorstellbarer Schönheit. Es herrschen aufgrund der erhöhten Schwingung Naturgesetze, die wir in der 3. und 4. Dimension nicht gekannt haben. Hauptsächlich ernähren wir uns von Licht und verzehren nur noch pflanzliche Produkte. Unser Alterungsprozess stoppt entsprechend der Programmierung in unseren Zellen nach 32–35 Lebensjahren. Das Klima ist überall auf der Erde mediterran oder tropisch bei leichter Abkühlung in der Nacht. Auf diese Weise kann sich überall eine üppige Vegetation ausbreiten.

Jeder Mensch erkennt seine Berufung und geht seiner Lebensaufgabe nach, seinem individuellen Beitrag innerhalb des großen Ganzen und zum Wohl der Allgemeinheit. Alle Menschen verrichten ihre Arbeit aus vollem Herzen und mit Hingabe. Weder Zeit existiert noch entsteht Stress. Lineares Denken gehört der Vergangenheit an.

_ *Das Lebensziel eines jeden Einzelnen besteht auch in der 5. Dimension darin, sich persönlich Schritt für Schritt weiterzuentwickeln.*

Wir alle stehen erst am Anfang des Weges, der im Verhältnis zum Leben in der 3. und 4. Dimension schon einen Quantensprung darstellt. Wir entwickeln uns alle stetig weiter. Als Kinder und Erwachsene spüren und begreifen wir, dass wir alles, was wir lernen, für alle lernen und nicht nur für uns selbst. Wir erfahren in der Realität, dass unsere Potenzialentfaltung der ganzen Menschheit zugutekommt und deshalb ist es unsere höchste Motivation, zu lernen! Kinder wie Erwachsene leben im Einheitsbewusstsein.

NACHWORT

Du bist bereit!

Dieser visionäre Ausblick zeigt die Zukunft, wie sie sein wird, weil sie es schon ist. Ich hoffe, dass dir diese Zukunft gefällt und dass du große Lust hast, sie zu erleben. Wenn ja, macht es Sinn, dich zunächst mit all den Wundern, die schon heute tagein, tagaus geschehen, zu beschäftigen, um die begrenzten Vorstellungen deines Verstandes zu sprengen. Dein Glaube macht eine Ausdehnung deiner Realität erst möglich. Noch einmal: Wir sehen mit unseren physischen Augen nur 8 % von allem, was tatsächlich existiert. Zugegeben, weder weißt du noch weiß ich, was den ganzen »Rest« von 92 % ausmacht, aber wir beide wissen mit absoluter Gewissheit, dass es gigantisch ist! Die Frage ist: Wo und wie beginnen wir, dieses riesige Potenzial des noch Unbekannten zu erforschen und zu entdecken?

Spätestens seit du die 21 Wach-auf!-Gaben absolviert hast, nutzt du viele dieser Fähigkeiten bereits intuitiv und bewusst. Mache es dir zur Gewohnheit, dich weiter vom Leben überraschen zu lassen und fange an, an das Unmögliche zu glauben. Es wird Zeit, die neue gute Welt zu manifestieren, eine Welt, in der wir uns gegenseitig wertschätzen und achten und ein Leben voller Lebensfreude und Sinnhaftigkeit führen. Dazu braucht es dich!

TIPP: Die praktische Anwendung der 21 Wach-auf!-Gaben kannst du auch direkt in meiner Live-Intensivseminar-Reihe »*Smile up your life – Extended*« üben. Die erstaunlichen Erfahrungen, die du zusammen mit anderen Menschen in einem interaktiven und dynamischen Raum machen kannst, bieten noch mehr Erfolgspotenzial als das *Wach-auf!-Gaben Programm* für »zu Hause«.

Auf geht's also in die 5. Dimension. Das Paradies wartet auf dich! Du kannst etwas dafür tun, damit es schneller kommt: Mit deiner Gedankenkraft und deinen Emotionen kannst du dafür sorgen, die neue heile Welt für dich und für uns alle zu erschaffen, indem du sie immer wieder in deinem Innern visualisierst und erlebst. Je schneller du damit beginnst, je schneller wird sie zu deiner und unserer Realität werden.

DANKESCHÖN!

Ich möchte mich bei Euch allen bedanken. Ich habe dieses Buch mithilfe von Euch allen geschrieben, also jedem einzelnen Menschen, und auch mithilfe von all den Wesenheiten, die mir zur Seite stehen und mich führen, meinen Seelenanteilen, meiner wundervollen Geistführerin Eria, die ICH bin und die ICH ist, mithilfe meiner großartigen Läufer, die immer dafür sorgen, dass alles optimal läuft, mithilfe meiner Schutzengel und aller Erzengel und allem unterstützenden Bewusstsein aus der Schöpferquelle.

Wir sind alle eins! Dieses Buch hat mich gerufen, weil es uns allen dient und eine Hilfe zum Aufstieg eines jeden Einzelnen von uns ist. Jedes einzelne Kapitel war eine Eingabe, ein Einfall aus dem Allbewusstsein. Manchmal bin ich beim Joggen stehen geblieben, was ich sonst nie tue, habe mein Handy gezückt, das ich sonst nie dabeihabe und habe meine blitzartigen Einfälle hinein diktiert, weil es so gesprudelt hat, dass ich alles verwenden wollte. Dann habe ich den Bildschirm geschlossen und mir selbst gesagt: »Das ist absolut unheimlich!« Ich war offen für Zeichen und alles um mich herum half mir dabei, diese Zeichen zu deuten, um die ich gebeten hatte. Ich bin so dankbar, denn dieses Buch ist meiner reinen Liebe entsprungen. Ich habe voller Ur-Vertrauen losgelassen und mich dieser Aufgabe hingegeben in der Gewissheit, dass mich etwas Großes anführt, das in meiner Quelle, in MIR, zu finden ist. Diese Quelle ist in uns allen, du findest sie in dir, in der Stille. Ich bin nur dort, wo ich heute bin, weil ich all das TUE, was in diesem Buch steht.

Ich wünsche dir von ganzem Herzen ein Leben voller »JETZT«-Momente, die du voll auskostest und genießt. Ich freue mich auf unseren gemeinsamen Aufstieg. Wir sehen uns.

In Liebe
Katharina Wengert

ANHANG

LITERATUR

Andrews, Ted _ *Die Aura sehen und lesen – Feinstoffliche Energien wahrnehmen und deuten.* Schirner 2011

Ashanti, Arimea _ *Aufstieg in die 5. Dimension.* BoD 2013

Ayach, Leila Eleisa _ *Seelenverträge – Absprachen in Liebe* (Buchreihe). Heyne 2021

Blanchard, Ken _ *Whale Done! – Von Walen lernen: So motivieren Sie jedes Team zu Spitzenleistungen.* Goldmann 2013

Bloom, William _ *Wie schütze ich meine Aura? – Mit einfachen Übungen für den Alltag.* Aquamarin 2006

Braden, Gregg _ *Im Einklang mit der göttlichen Matrix – Wie wir mit Allem verbunden sind.* Koha 2007

Bruggen, Marie Claire von der _ *Märchen vom Tod.* Esocentra 2009

Byrne, Rhonda _ *The Secret – Das Geheimnis.* Arkana 2007

Byrne, Rhonda _ *The Power.* Knaur 2010

Byrne, Rhonda _ *Wie The Secret mein Leben veränderte – Echte Menschen. Wahre Geschichten.* Arkana 2017

Caddy, Eileen _ *Herzenstüren öffnen.* Greuthof 2004

Canfield, Jack _ *Schlüssel zum Gesetz der Anziehung – So machen Sie Ihre Lebensträume wahr.* VAK 2013

Carrol, Lee _ *Kryon* (Buchreihe). Koha seit 2007

Cooper, Diana _ *Der Aufstieg von Erde und Menschheit – Kosmische Schlüssel für dein Leben in der fünften Dimension.* Ansata 2017

Cooper, Diana _ *2032 Das goldene Zeitalter – Geburt einer neuen Zivilisation.* Heyne 2014

Cooper, Diana _ *Der große Übergang 2012–2032 – Prognosen für die Menschheit und ihre Bewusstseinsentwicklung.* Ansata 2011

Dispenza, Joe _ *Ein neues Ich – Wie Sie Ihre gewohnte Persönlichkeit in vier Wochen wandeln können.* Koha 2012

Dispenza, Joe _ *Du bist das Placebo – Bewusstsein wird Materie.* Koha 2014

Dreien, Christina von _ *Die Vision des Guten.* Govinda 2018

Dreien, Christina von _ *Am Ende ist alles gut – Wie wir uns die heile Welt selbst erschaffen.* Govinda 2020

Dreien, Christina von _ *Bewusstsein schafft Frieden.* Govinda 2019

Eben, Alexander _ *Blick in die Ewigkeit.* Heyne 2016

Eicher, Hans _ *Die verblüffende Macht der Sprache – Was Sie mit Worten auslösen oder verhindern und was Ihr Sprachverhalten verrät.* Springer 2017

Evertz, Anke _ *Neun Tage Unendlichkeit – Was mir im Jenseits über das Bewusstsein, die körperliche Existenz und den Sinn des Lebens gezeigt wurde.* Ansata 2019

Fox, Sabrina _ *In der Stille deines Seins – Geführte Meditation für Einheit und inneren Frieden* (Audio-CD). AMRA 2013

Gallwey, Timothy _ *The Inner Game of Tennis – The Ultimate Guide to the Mental Side of Peak Performance.* 2015

Gawain, Shakti _ *Stell dir vor – Kreativ visualisieren.* Rowohlt 2004

George, Mircea Ighisan _ *Matrix Transformation – Ein Muss-man-haben Buch zur 2-Punkte-Methode.* BoD 2014

Goodman, Morris _ *The Miracle Man – An Inspiring True Story of the Human Spirit.* Simon & Schuster 1985

Grout, Pam _ *E² – Wie Ihre Gedanken die Welt verändern.* Allegria 2015

Haanel, Charles _ *The Master Key System – Der Universalschlüssel zu einem erfolgreichen Leben.* Goldmann 2012

Hanh, Thich Nhat _ *Das Wunder des bewussten Atmens.* Theseus 2016

Hartfield, Angela _ *Dankbarkeit (55 Karten mit Begleitbuch) – Das Orakel des Herzens.* Aquamarin 2021

Harrington, Paul _ *The Secret für Teenpower.* Arkana 2010

Hay, Louise _ *Heile deinen Körper.* Lüchow 2017

Heede, Günter _ *Matrix Inform – Grundlagen der Quantenheilung.* Irisana 2016

Hicks, Esther und Jerry _ *The Law of Attraction – Reich mit dem Gesetz der Anziehung.* Allegria 2010

Hill, Napoleon _ *Denke nach und werde reich – Die 13 Gesetze des Erfolgs.* Ariston 2006

Holler, Ingrid _ *Trainingsbuch Gewaltfreie Kommunikation – Abwechslungsreiche Übungen für Selbststudium und Seminare.* Junfermann 2016

Klemm, Pavlina _ *Die Botschaften der Plejaden.* AMRA 2022

Lassen, Arthur _ *Heute ist mein bester Tag – Positives Denken, Planen und Handeln bringt mehr Lebensfreude.* L.E.T. 2013

Lassen, Christine _ *Das Geldbuch – für ein reiches Leben.* L.E.T. 2016

Laszlo, Ervin _ *Der Akasha-Code – Wie das kosmische Bewusstseinsfeld uns beeinflusst.* Via Nova 2010

LeBoeuf, Michael _ *Imagination, Inspiration, Innovation – Kreative Kräfte nutzen.* mvg 1991

Lipton, Bruce _ *Intelligente Zellen – Wie Erfahrungen unsere Gene steuern.* Koha Verlag 2016

Loyd, Alex _ *Der Healing Code – Die 6-Minuten-Heilmethode.* Rowohlt 2012

Loyd, Alex _ *Das Love Principle – Die Erfolgsmethode für ein erfülltes Leben.* Rowohlt 2014

Marltz, Maxwell _ *Psychokybernetik – Nutzen Sie die Macht Ihres Unbewussten.* FinanzBuch 2022

Miller, David K. _ *Bewusstsein der 5. Dimension – Der Weg der spirituellen Entwicklung.* Edition Adamis 2016

Millman, Dan _ *Der Pfad des friedvollen Kriegers* (Trilogie). Heyne 2013

Mohl, Alexa _ *Der Zauberlehrling – Das NLP Lern- und Übungsbuch.* Junfermann 2010

Mohr, Bärbel _ *Bestellungen beim Universum – Ein Handbuch zur Wunscherfüllung.* Omega 2016

Moorjani, Anita _ *Heilung im Licht – Wie ich durch eine Nahtoderfahrung den Krebs besiegte und neu geboren wurde.* Arkana 2012

Moorjani, Anita _ *Finde deinen Himmel auf Erden – Warum wir nicht sterben müssen, um Liebe und Einheit zu erfahren.* Arkana 2016

Muranyi, Monika _ *Die menschliche Akasha – Gesammelte Kryon-Botschaften.* Koha 2015

Muranyi, Monika _ *Die menschliche Seele – Das höhere Selbst entdecken.* Koha 2016

Murphy, Joseph _ *Entfesseln Sie die Macht Ihres Unterbewusstseins – 52 Affirmationen.* Ariston 2019

Orr, Gabrielle _ *Lass Wunder geschehen – Mit der Akasha-Chronik deine ganze Kraft entfalten.* Ansata 2017

Pante, Marliis _ *Das große Erwachen – Heilungsbuch der Arcturianer.* AMRA 2021

Richard, Ursula _ *Dankbarkeit macht glücklich – Über ein Gefühl, das glücklich macht.* Scorpio 2015

Rohr, Wulfing von _ *Geheimnisvolle Palmblätter – Ist unser Leben Schicksal oder freier Wille?* BoD 2021

Schwartz, Robert _ *Die Mission der Seele – Lebenskrisen und Schicksalsschläge als Chance für inneres Wachstum und Heilung.* Heyne 2019

Schwartz, Robert _ *Mutige Seelen – Planen wir unsere Lebensaufgabe bereits vor der Geburt?* Heyne 2015

Schwartz, Robert _ *Jede Seele plant ihren Weg – Warum leidvolle Erfahrungen nicht sinnlos sind.* Heyne 2016

Schwegler, Christian _ *Der Hypnotherapeutische Werkzeugkasten – 50 Hypnotherapeutische Techniken für gelungene Induktionen und Interventionen.* BoD 2014

Sheldrake, Rupert _ *Das schöpferische Universum – Die Theorie des Morphogenetischen Feldes.* Ullstein 2009

Sieger, Cosima _ *Dankbarkeit – Wie Sie in 30 Tagen unendliche Fülle erschaffen!* BoD 2019

Spalding, Baird T. _ *Leben und Lehren der Meister im fernen Osten.* Schirner 2020

Steindl-Rast, David _ *Dankbar leben – Ein inspirierendes Praxisbuch.* Vier Türme 2018

Steiner, Rudolf _ *Die Philosophie der Freiheit – Grundzüge einer modernen Weltanschauung.* Rudolf Steiner 2021

Steiner, Rudolf _ *Das Leben nach dem Tod – und sein Zusammenhang mit der Welt der Lebenden.* Freies Geistesleben 2019

Strelecky, John; Brownson, Tim _ *Reich und Glücklich! – Wie Sie alles bekommen, was Sie sich wünschen.* Dtv 2012

Sudmann, Natalie _ *Die Wirklichkeit des Unmöglichen – Meine Nahtoderfahrung im Irak.* BoD 2021

Suzuki, Shunryu _ *Zen-Geist Anfänger-Geist – Unterweisungen in Zen-Meditation.* Theseus 2016

Tepperwein, Kurt _ *Die geheimnisvolle Kraft der Intuition – Nehmen Sie Ihre innere Stimme wahr und verwirklichen Sie Ihre Träume.* Mvg 2017

Tepperwein, Kurt _ *Die geistigen Gesetze – Erkennen, verstehen, integrieren.* Goldmann 2009

Tepperwein, Kurt _ *Was dir deine Krankheit sagen will – Aktiviere die Heilkraft deiner Seele.* mvg 2005

Tolle, Eckhart _ *Jetzt! – Die Kraft der Gegenwart.* Kamphausen 2010

Unterhuber, Christoph _ *Das Orakel der Palmblatt-Bibliothek – Eine philosophisch-spirituelle Weltreise.* Tredition 2020

Virtue, Doreen _ *Wie oben, so unten – Die Sieben Gesetze des Lebens.* Koha 2007

Walsh, Neale Donald _ *Ich bin das Licht! – Die kleine Seele spricht mit Gott.* Nietsch 1999

Walsh, Neale Donald _ *Gespräche mit Gott* (Buchreihe). Goldmann seit 2006

Warnke, Ulrich _ *Quantenphilosophie und Interwelt – Der Zugang zur verborgenen Essenz des menschlichen Wesens.* Goldmann 2020

Wengert, Katharina _ *NLP leicht gemacht – Lebensfreude, Glück und Erfolg mit NLP.* BoD 2022

Wetzel, Sylvia _ *Worte wirken Wunder.* Herder 2010

WACH-AUF!-GABEN INDEX

AUTORIN

Katharina Wengert ist Juristin, Buchautorin, Ehefrau und Mutter. Ihr Lebensmotto ist: *Alles ist möglich und du kannst alles schaffen, was du willst!*
Seit 2014 arbeitet sie auch als NLP-, Coach-, und Matrix-Trainerin. Sie bietet Kurse, Seminare, Einzel- und Teamberatungen an. Als Bewusstseinstrainerin inspiriert sie viele Menschen, ihr Lebensglück und den persönlichen Erfolg in die eigene Hand zu nehmen. Parallel dazu hält sie Motivations- und Impulsvorträge in Unternehmen, Netzwerken, Schulen und Hochschulen. Sie schult Führungskräfte und Angestellte, Lehrer und Professoren. Seit ihrer Kindheit ist die Autorin spirituell sehr verbunden, bspw. war ihre Mutter hellsichtig. Ihre drei Kinder lässt sie in dem Wissen aufwachsen, dass sie selbst die Schöpfer ihrer eigenen Realität sind.

Kontakt

Katharina Wengert
Smile up your life // NLP-Seminare und Coaching am See
Steinhausgasse 1 · D-88662 Überlingen
hello@smileupyourlife.de · Tel. 07551/9494025
www.smileupyourlife.de
www.wengert-gmbh.de